U1006967

治理与信任

基于政府与行业协会维度的研究

熊花　王刚　著

知识产权出版社
全国百佳图书出版单位

图书在版编目（CIP）数据

治理与信任：基于政府与行业协会维度的研究/熊花，王刚著．—北京：知识产权出版社，2019.9

ISBN 978－7－5130－6438－5

Ⅰ．①治… Ⅱ．①熊… ②王… Ⅲ．①行业协会—组织管理—研究—中国 Ⅳ．①F279.21

中国版本图书馆 CIP 数据核字（2019）第 194984 号

内容提要

本书以治理和信任为逻辑起点，探讨了政府与行业协会治理主体之间建立相互信任的理论制度基础，分析了当前政府与行业协会各自存在的信任缺失，并通过重复博弈、委托代理、社会资本以及制度创新等理论对构建政府与行业协会之间信任关系的可行性理论分析，以及农村专业技术协会的自主治理个案分析，对如何促进政府和行业协会在相互信任的基础上实现互惠合作，发挥行业协会这一组织制度安排在政府信用建设以及治理变革中的主体性作用进行了研究。

责任编辑：石红华　　**责任校对：**谷　洋
封面设计：臧　磊　　**责任印制：**孙婷婷

治理与信任：基于政府与行业协会维度的研究

熊　花　王　刚　著

出版发行：知识产权出版社有限责任公司	**网　址：**http：//www.ipph.cn
社　址：北京市海淀区气象路 50 号院	**邮　编：**100081
责编电话：010－82000860 转 8130	**责编邮箱：**shihonghua@sina.com
发行电话：010－82000860 转 8101/8102	**发行传真：**010－82000893/82005070/82000270
印　刷：北京虎彩文化传播有限公司	**经　销：**各大网上书店、新华书店及相关专业书店
开　本：787mm×1092mm　1/16	**印　张：**10.25
版　次：2019 年 9 月第 1 版	**印　次：**2019 年 9 月第 1 次印刷
字　数：150 千字	**定　价：**48.00 元

ISBN 978-7-5130-6438-5

出版权专有　侵权必究
如有印装质量问题，本社负责调换。

前　言

自20世纪80年代以来，社会公共事务管理主体多元化已经成为公共管理发展的基本趋势。行业协会作为当代中国公共管理领域的新主体和非营利组织的特殊代表，借此有了较大的发展空间。它在完善市场运作机制、规范市场竞争秩序、推动生产力发展，特别是在转移政府职能、协助政府管理以及应对WTO新形势下的反倾销等方面具有明显的职能优势。

随着新生事物的不断涌现，当代我国政府的治理变革模式也在悄然发生着变化：政府已不再是社会唯一的权力中心，它试图与多元化的公共管理主体建立良性的合作关系，共同承担管理社会公共事务的责任。我们知道，合作与信任之间是互相促进、相辅相成的关系，合作基于信任，合作树立信任，而信任又会促进合作、促进发展。如何处理好政府与行业协会这一多元化组织制度安排的关系，从而在相互信任的基础上实现互惠合作，使这一组织制度安排在政府治理模式的改革中发挥应有的功能和作用，成为当代政府亟待研究和解决的一个重要议题。

本研究主要以微观层面的行业协会为起点，借鉴了新制度经济学中的交易成本、重复博弈、社会资本以及制度创新理论，分析了政府与行业协会之间存在互信关系的可能性，揭示了当前我国政府与行业协会之间存在的互信缺失问题，并通过对相关理论的可行性分析，从中得出关于加强和改善政府与行业协会之间互信关系的启示。除此之外，本研究还专门针对行业协会的公信力问题，从自主治理能力提升的角度，运用埃莉诺·奥斯特罗姆的自治组织理论，对当前我国农村经济发展过程中出现的农村专业技术协会——山东省日照市许孟镇瓜菜协会进行了个案研究，详细剖析了该协会自主治理的生发机制、决策机制、内部激励机制以及监督约束机制，以期为我国广大农村专业技术协会的自治发展提供一定的经验借鉴，并为各类行业协会商会自治能力以及公信力的提升提供相应的决策参考。

本研究一共由七章组成。

第一章是导论。该部分主要介绍研究背景、研究现状及评论、研究的出发点和创新价值。

第二章为相关核心概念的基本认识。主要对治理理论、行业协会的发展以及信任进行介绍。除此之外，为切合本研究的写作需要，还对行业协会的“实然”和“应然”问题进行了解释和论证，并对常用的两个易混淆的概念“信任”和“信用”进行了辨析。

第三章分析政府与行业协会之间存在互信关系的基础。主要表现在四个方面：行业协会是政府经济治理中的一种制度性结构，是一种为节约交易成本而达成的契约安排，信用产生于交易；行业协会的存在能降低政府的交易成本，促使政府具有建立自身信用的动机；行业协会对政府的制衡功能使得政府之前所做的“保护工商业”的承诺具备了履行的理性基础。最后得出政府与行业协会之间存在互信基础的结论。

第四章揭示政府与行业协会之间存在互信缺失。主要从政府和行业协会两个层面进行分析。从政府层面看，信用缺失包括政府对行业协会定位模糊和认识偏差、行业协会在交易过程中的非主体独立性地位、委托代理关系中出现的激励不足和寻租现象、政府职能转变和政策落实不到位、政府不作为五个方面；而从行业协会层面看，信用缺失则主要是由行业协会对市场经济发展的两重性和自身存在不被信任的短板造成的。

第五章是构建政府与行业协会之间互信关系的可行性理论分析。主要运用重复博弈、双重委托代理、社会资本和制度创新理论进行论证，为之后的启示和措施建议提供具有说服力的理论依据。

第六章是构建政府与行业协会之间互信关系的对策建议。首先，重点针对重复博弈理论的启发提出了三点建议，即政府要保护行业协会的产权，保证行为的长期化；建立和公开政府信用信息资料库；确保行业协会参与对政府失信行为的监督和惩罚。然后，又从政府和行业协会两个层面分别进行思考。在政府方面，主要要求政府转变观念，增强对行业协会的信任支持，加快职能转变步伐，正确处理与行业协会的关系，加强与行业协会的沟通和交流；在行业协会方面，通过强调行业协会的有效参与、公共责任和内部管理等措施，指出行业协会的参与性自律是二者互信关系得以维护和延续的必要条件。

第七章为行业协会自主治理的实证研究——基于山东省日照市许孟镇瓜菜协会的自主治理个案分析。本部分主要针对行业协会的公信力问题，以埃莉诺·奥斯特罗姆的自治组织理论为分析工具，对该协会的生发机制、组织机构的产生、激励和约束机制、监督约束机制等进行分析，探讨该协会发展成功的原因，并进一步找出影响农村专业技术协会发展进程中的制度困境，从而提出突破困境的合理化对策和建议。

目 录

第一章　导　论 ………………………………………………………… 1

一、研究背景 …………………………………………………………… 1

二、研究现状及评论 …………………………………………………… 4

三、本研究的出发点和创新价值 ……………………………………… 8

第二章　相关核心概念的基本认识 ………………………………… 10

一、治理概述 …………………………………………………………… 10

二、行业协会的发展与定义 …………………………………………… 12

三、行业协会的“实然”与“应然” ………………………………… 14

四、对信任的基本认识 ………………………………………………… 16

第三章　政府与行业协会之间存在互信关系的基础 ……………… 23

一、行业协会是一种政府经济治理的制度性结构 …………………… 23

二、行业协会是一种为节约交易成本而达成的契约安排 …………… 24

三、行业协会的存在使政府具有建立自身信用的动机 ……………… 26

四、行业协会的制衡功能使政府“保护工商业”的
　　承诺具备履行的理性基础 ………………………………………… 28

第四章 政府与行业协会之间存在互信缺失 …… 31

一、政府层面 …… 31

二、行业协会层面 …… 35

第五章 构建政府与行业协会之间互信关系的可行性理论分析 …… 39

一、基于重复博弈与信任机制产生的理论分析 …… 39

二、基于双重委托代理关系下信任机制的产生 …… 42

三、社会资本理论对二者信任关系的影响 …… 44

四、制度创新理论 …… 46

第六章 构建政府与行业协会之间互信关系的对策建议 …… 48

一、重复博弈理论给我们的启示 …… 48

二、政府在履行“保护工商业”的承诺重塑信用上的思考 …… 51

三、行业协会的参与性自律是互信关系得以维护和延续的必要条件 …… 59

第七章 行业协会自主治理的实证研究 …… 63
——基于山东省日照市许孟镇瓜菜协会的自主治理个案分析

一、自治组织理论概述 …… 64

二、农村专业技术协会的产生与作用 …… 66

三、日照市许孟镇瓜菜协会概况 …… 67

四、日照市许孟镇瓜菜协会的生发机制分析 …… 68

五、日照市许孟镇瓜菜协会的决策机制 …… 77

六、日照市许孟镇瓜菜协会的内部激励机制——选择性激励机制 …… 85

七、日照市许孟镇瓜菜协会的监督约束机制 …… 90

八、农村专业技术协会的发展困境及解决建议 …………………… 99
九、小结 ……………………………………………………………… 104

结　语 …………………………………………………………… 105

附录 1　行业协会商会与行政机关脱钩总体方案（2015 年） ……… 106
附录 2　脱钩后行业协会商会资产管理暂行办法（2016 年） ……… 116
附录 3　社会团体登记管理条例（2016 年 2 月 6 日修订版） ……… 122
附录 4　中华人民共和国农民专业合作社法
（修订草案）（2018 年） …………………………………… 130

参考文献 ………………………………………………………… 136

第一章　导　论

一、研究背景

自20世纪七八十年代以来，在公共选择和新公共管理等理论的主导下，政府治理模式的变革和追求善治的政府结构成为一种引人注目的国际性浪潮和趋势。当代政府的治理变革已经成为政府组织寻求支持与发展的一种必然选择，其核心和实质在于试图在政府与市场之间寻求更为有效的提高公民普遍福利、提升国家竞争力和生产力的创新性组织和制度安排，以促使政府组织变得更富有生机与效率、对公众更有责任和回应性、更加具有可信度和合法性。从国际视野角度看当代政府的治理变革历程，不难发现，30多年来政府改革的主要价值取向在于重新审视和调整政府与市民社会、政府与市场的种种关系，改变政府作为社会唯一权力中心的格局，通过授权和分权的形式，将非营利组织、民营的市场组织和公民自治组织等多中心的多元化组织制度安排，引入公共物品和公共服务的生产与提供中，使这些组织与政府共同承担起社会公共事务管理的责任。[1]

从当代我国的现实国情看，随着经济体制改革和政府职能转变的进一步深入推进，社会公共事务管理主体多元化已经成为公共管理发展的基本趋势，政府已无法成为唯一的治理者。2013年，党的十八届三中全会在

---

[1] 蔡磊著、李昌麒主编：《非营利组织基本法律制度研究》，厦门：厦门大学出版社，2005年，第37页。

《中共中央关于全面深化改革若干重大问题的决定》中明确提出，要正确处理政府和社会的关系，加快实施政社分开，推进社会组织明确权责、依法自治、发挥作用。适合由社会组织提供的公共服务和解决的事项，交由社会组织承担。要创新社会治理体制，改进社会治理方式，推进国家治理体系和治理能力现代化。至此，治理命题正式上升到党和国家主流政治话语体系。

建立多元化的管理主体体系，建立与公众之间的良性合作关系，是我国现代公共管理的战略性管理框架。在多元化的公共管理主体中，除开政府这个主要公共事务管理主体外，包括行业协会在内的非营利性社会组织的大量涌现和飞速发展引起了人们的普遍关注。从以下的数据当中我们可以看到，中国的行业协会非营利团体在改革开放以后得到了长足的发展：1989 年全国性的非营利性社会组织共 1600 多个，是改革开放初期的 16 倍；地方性非营利性社会组织增加到 20 万个，是 1978 年的 33 倍。[1] 进入 20 世纪 90 年代中期以后，随着政府职能转变问题提上议事日程，产生了政府放弃的职能由谁来接管的问题。在这种情况下，社会团体的发展进入了一个新阶段，出现了一些具有行政管理职能的行业协会，如中国轻工总会、中国汽车工业协会、中国棉纺织协会，等等。

以“政企分开”为核心内容之一的国有企业改革、非国有企业的发展、市场机制的逐步形成，赋予了中国企业越来越大的自主权和独立性，以政府和行业协会之间的亲密合作为基础的“行业管理模式”应运而生。加之行业协会能直接促进生产力的发展以及对政府职能的特殊功能，使得其在众多非营利组织形式中具有典型和突出的地位。2003 年底，在登记的 14.2 万个社会团体中，行业性社团有 41722 个，与其他类社团（专业性社团、学术性社团和联谊性社团）相比，行业性社团发展最快，数量最多，占了总数的 30%。[2] 截至 2014 年底，行业协会已发展到近 7 万个，在各类

[1] 王名等：《中国社团的兴起》，北京：社会科学文献出版社，2001 年，第 5 页。

[2] 资料来源于中国协会网 http：//www. zjid. com/zj01/xh01/content. asp？id =768。

社会团体中数量最多、增速最快。

然而，多年来我国行业协会在发挥自身功能的过程中也面临着诸多掣肘。因对外过分依赖政府而无法施展拳脚，对内受制于大企业会员且缺乏有效自治机制导致独立性终难建立，从而使得政府与行业协会的互动机制尚不能完全形成。因此，针对行业协会这种活跃于经济领域的社会组织类型，党和国家专门出台了相关政策以促进行业协会规范、健康发展。2003年，党的十六届三中全会指出，要按市场化原则规范和发展各类行业协会等自律性组织。2006年，党的十六届六中全会进一步强调，要坚持培育发展和管理监督并重，完善培育扶持和依法管理社会组织的政策，发挥各类社会组织提供服务、反映诉求、规范行为的作用，为经济社会发展服务。2007年，国务院办公厅颁发《关于加快推进行业协会商会改革和发展的若干意见》，明确指出要实行政会分开，加强行业自律，充分发挥政府、企业之间的桥梁和纽带作用。

随着国家治理体系建设的不断推进，党和政府对行业协会参与国家经济领域治理和公共服务的定位更加清晰，并极力倡导行业协会自治，为此，2015年7月8日，中共中央办公厅、国务院办公厅下发了《行业协会商会与行政机关脱钩总体方案》，正式从国家层面全方位、稳步推进行业协会的治理变革。

可见，在国家治理体系全面推进的宏观背景下，如何处理好政府与行业协会这一多元化组织制度之间的关系，促使二者在相互信任的基础上实现互惠合作，从而使行业协会这一组织制度在政府治理模式的变革中发挥应有的功能和作用，已经成为政府亟待研究和应对的一个重要议题。

笔者认为，处理和维护政府与行业协会关系的关键和最终目标是构建双方的信任关系。这是因为，在市场经济条件下，信任已经成为现代经济的基本规律之一。恩格斯在《英国工人阶级状况》的序言中就曾提到："现代政治经济学的规律之一就是：资本主义生产愈发展，它就不能采用作为它早期阶段的特征的那些琐细的哄骗和欺诈手段……先给人们送上一些好的样品，然后再把蹩脚的货物送去，这些狡猾手腕在大市场上已经不合算了，那里时间就是金钱，那里商业道德必然发展到一定的水平，其所以如此，并不是出于对伦理的狂热，而纯粹是为了不白费时间和劳动。”❶这句话贯穿的一个核心思想就是，信任是现代经济必须遵循的规律之一。政府作为社会经济治理结构中的一种制度安排，它与来自民间自发的治理机制，如企业、社群、社团等，乃是相互补充、合作、竞争和替代的关系，政府对行业协会的信用状况会直接影响行业协会的生存和发展，而行业协会的发展状况则对政府信用的树立和维护有着重要的支撑和制约作用。合作基于信任、合作树立信任，而信任又会促进合作、促进发展，二者是互相促进、相辅相成的。随着我国行业协会的迅猛发展和逐步壮大，以及我国在推进国家治理现代化进程中对行业协会参与社会治理的需求日益迫切和突出，政府面临如何树立信用形象、维护与行业协会的信任关系，行业协会面临如何增强自身公信力，实现政府与行业协会之间的互信合作，这成为我国社会信用建设体系中的有机组成部分和新时代创新社会治理赋予的新要求。

二、研究现状及评论

从目前学术界对政府信用以及行业协会的研究来看，二者各自的现状和问题都为众多学者所深入剖析和详细论述。从政府信用的研究来看，有的学者从政治学的角度，以主权在民、公共权力、社会契约、委托代理等思想为理论依据；有的从经济学的角度，利用新制度经济学中关于交易成本理论、产权理论和社会资本理论分析问题的方法，企图寻求政府信用研究新的认识视角。比较有代表性的文献有：张成福、孟庆存的《重建政府与公民的信任关系——西方国家的经验》（2003），张旭霞的《现代政府信用及其建构的对策性分析》（2002），张宇钟的《行政诚信与公共行政关系

---

❶ 《英国工人阶级状况》1892 年德文第二版序言。《马克思恩格斯选集》第四卷，人民出版社，1995 年，第 272 页。

研究》（2005），范柏乃、金明路、程宏伟所写的《我国地方政府信用水平的实证调查》（2005），程倩的《政府信任关系：概念、现状与重构》（2004），句华的《政治学视野中的政府信用》（2005），杨维荣、毕霞的《从委托代理角度看政府信用》（2004），费广胜、陈伟的《政府信用的经济学思考》（2003），钱晴、裘铮、容志的《政府信用：对一种新解释范式的理论探索》（2003）等。不管从哪个角度，他们的最终结论都是要从制度方面寻找解决问题的措施和方法，这体现了高度的法制化精神和开拓创新意识，与当前我国的国情和治国理念是一致的。

但笔者认为他们提出的制度渠道也存在一些局限，这些局限性在于他们提出的用制度加强信用建设的途径以及提出的措施，最后的落脚点往往侧重于从政府自身的信用制度建设出发，比如强调政府要树立执政为民的思想，坚持政务公开、公正，进行宪政法制建设，强调法律的重要性，建立责任型政府，建立政府承诺机制、监督机制等。在笔者看来，随着社会政治、经济的不断发展，单纯从政府方面的制度完善途径来加强政府信用建设缺乏可操作性和现实针对性，最终很难达到预期的目标，而且有逐渐流于形式化和口号化的趋势，正因为如此，官煤勾结、红顶商人在国家三令五申的严格整治下依然不少，腐败现象仍然层出不穷……可以看到，政府从自身角度出发来树立信用形象的目标没能完全实现，或者说从自身角度出发的“自律”效果不明显。那么，在当前多元主体不断涌现的社会生活中，我们是否能够借助外界的力量来帮助政府改变窘迫的现状，实现预期的目标呢？本研究正是基于此做出一些尝试。

通常认为，在成熟的社会结构中，存在着三类组织形态主体：政府组织、市场组织（通常指企业）和非营利组织（非政府组织），也即社会三大部门。企业作为市场经济的主体和社会生产力发展的重要承担者和推动器，它的最终目标和主要任务是追求利润和效益的最大化，面对纷繁复杂的社会问题，能够有效为政府分忧解难的任务则主要落在了第三部门即非营利组织身上。其中，行业协会作为非营利组织中的一个特殊群体和分支，在完善市场运作机制、规范市场竞争秩序、推动生产力发展，特别是在转移政府职能和协助政府管理以及应对 WTO 新形势下的反倾销等方面发挥着极其重要的作用，具有协调行动、提高行业信誉、降低交易成本、游说政府等功能，是新形势下政府更好地处理自身与企业之间关系的友好桥梁和纽带。学者和实业界人士普遍认为，行业协会是现代经济社会管理体系中一个重要的组成部分，是适应生产社会化和市场经济发展以及国家对经济活动宏观干预的需要而产生的新生产物，同时，也是国家多元治理的主体之一。

对行业协会相关的学术研究表现在以下几方面：

一是行业协会的起源发展及在现代政治、经济社会中重要作用的全面论述。这方面早期较有代表性的著作有：史景星主编的《行业协会概论》（1989），陈清泰主编的《商会发展与制度规范》（1995），翟鸿祥主编的《行业协会发展理论与实践》（2003），贾西津、沈恒超、胡文安等所著的《转型时期的行业协会——角色、功能与管理体制》（2004）等，这些著作对于行业协会的产生、发展、角色、功能等做了比较详细和系统的介绍。近几年的学术成果则主要从治理的角度对行业协会的定位进行了重新审视，如陈思伶在《基于国家治理体系现代化的行业协会角色定位研究》中明确指出行业协会的治理主体地位，行业协会是国家治理体系的有机组成部分。

二是针对行业协会某方面的中观或微观研究。比较有代表性的是学者们发表的各种关于行业协会的论文，如宋子慧的《行业协会概念新探》（2003），何俊峻的《行业协会产生与发展的经济分析》（2004），张新文、谢焕文的《论行业协会的组织性质》（2004），杨益民的《论行业协会在国际贸易中的功能》（2004），阚丽萍的《从我国政府职能转变的角度看行业协会的重要性》（2003），张良、吴强玲、叶海平的《论我国行业协会的重组模式、治理结构和政策创新》（2004），王敏的《论我国行业协会的绩效管理》（2004）等。对行业协会治理问题的学术研究最近几年成果颇丰，如石碧涛的《转型时期中国行业协会治理研究》（2011）主要对行业协会组织治理和行业治理的失灵和矫正进行了论述；郝兵兵的《当代中国行业协会的治理问题研究》（2014）利用博弈论、委托—代理理论、利益相关者共治等理论阐述了行业协会的问题和机制设计；蔡斯敏的《现代社会治理下的行业协会行动逻辑研究——基于中关村地区 X 组织的案例分析》（2015）结合特定行业协会 X 组织的成立、运作及活动案例的阐述，丰富了组织间关系网络及区域间秩序建构的相关研究；于显洋、蔡斯敏的《多元合作何以实现——现代社会治理下的行业协会行动机制》（2015）从中观层面引发了行业协会与政府的关系状态和运作机制的思考；唐兴军的《嵌入性治理——国家与社会关系视阈下的行业协会研究》（2016）从制度嵌入、组织嵌入、利益嵌入三个维度讨论了行业协会的治理路径；于晓乐的《行业协会理事会治理研究》（2017）则微观于行业协会的理事会结构性治理和功能性治理问题，等等。

三是明确针对行业协会信用问题的研究，如徐丹凤通过《论我国行业协会信用缺失问题的法律治理》（2015）一文对行业协会信用缺失问题进行了法理层面的思考，汪火根在《行业自组织视角下的行业信用治理研究》（2016）对温州行业自主治理的问题、成因及个案的普适性展开了论述，郭薇在《以培育行业协会商会公信力为抓手应对“脱钩”挑战》（2016）中明确指出“脱钩”背景下行业协会公信力的重要作用，黎晴撰写的《行业协会公信力建设研究》（2018）认为行业协会公信力不足的主要原因来自于内外两方面。这些研究为探讨政府与行业协会之间的互信关系提供了丰富的素材。

四是除此以外，一些文献也不同程度地提到了政府与行业协会之间的关系问题，如胡浩志、王玲的《政府职能的转变与行业协会的建立》（2004），刘洋、张琳的《中国行业协会与政府关系的重塑》（2004），马敏的《论新时期政府、商会和民营企业的新型关系》（2004），陈兆忠的《浅谈政府与行业协会的关系》（2004），谢超的《政府与行业协会关系中存在的问题和对策》（2016），等等。但是，总的来看，这些论述中基本上还没有学者将行业协会与政府信用建设联系起来，蔡嗥琦曾在其论文《协会、制衡与政府信誉》（2004）提出行业协会的存在与发展对政府树立信用形象的促进作用，但也仅仅是从行业协会的角度来阐述，没能认识到相互信任在政府和行业协会的双赢发展中所起的重要作用，因而不能从政府与行业协会之间的互信关系中寻找出政府信用建设的新领域。虽然该文从相关模型中论证了行业协会是政府建立信誉的一种有效制度安排，但对二者之间的互信关系问题也只是浅尝辄止，没有做进一步的理论研究和现实分析。因此，本研究试图在以上学术研究基础上对政府与行业协会之间的互信关系做出较为明确、全面和深入的探讨。

三、本研究的出发点和创新价值

笔者认为，治理模式的构建必须以相互信任为基础。毋庸讳言，政府信用问题的有效解决，不仅关系到社会公共利益的实现，也关系到政府自身合法性基础的巩固和自身形象的维护，由于政府的特殊地位，使得政府在与外部治理主体信任关系的维护以及政府自身信用建设方面均处于主导地位。但是，我们强调政府与其他治理主体的信任关系和政府信用，不能把所有的期望都寄托在政府自己身上，如果仅仅单纯地从政府自身信用制度的构建和改善来确保政府被信任的地位，这并不是最明智的选择。

尽管之前已经有许多学者提出了众多关于加强政府信用建设的措施，特别是从制度建设的角度开拓了政府信用建设的新领域，但是如前所述，在当代社会公共事务多元主体并存的情况下，政府治理模式正经历着一场翻天覆地的变革。政府要进行信用制度架构，不仅仅是对政府系统本身的重建，而是要常常针对社会系统的变迁，针对不同的社会治理主体。特别是面临市场经济发展过程中出现的对公共事务治理具有重要作用的社会治理主体，政府信用应该如何体现。与此同时，其他治理主体的信用问题也是决定能否实现治理格局的重要因素。因此，本研究试图从微观要素的层面，以行业协会这个新兴的治理主体为切入点，探讨政府与行业协会之间的互利机制和互信动机，从中发现规律，并结合我国的现实情况，挖掘影响双方信任关系的症结，提出相应的政策建议。

本研究的主要创新点及最终要实现的目标如下：

一是转变观念，展示政府信用建设的新理念和新意识。让政府及相关官员意识到，虽然应从制度建设着手加强政府的信用制度构建这一观点已形成共识，但单纯从政府信用到政府信用的制度建设，似乎已经到了强弩之末的地步，需要寻求政府以外的力量，这给人们展示出政府信用建设的新理念，即从政府单中心的治理模式向社会多主体共同参与的治理模式方向发展。

二是路径视角创新，将政府信任制度的建设更加明确化，针对特定的群体——行业协会，直观地指出政府信用的建设与行业协会之间的利益关系。通过将政府信用建设与行业协会之间有效联系起来后发现，原来做好行业协会这一特殊群体的工作，对政府自身的信用制度建设有直接的促进作用，政府信用的建立不是通过宣传，而是通过制度，不仅要通过自身的制度重构，更重要的是能与时俱进，有信用地对待政府以外能促进政府信用制度建设的社会主体。本研究着重强调，建立和维护政府对行业协会的信用机制是政府信用建设的重要表现和有效途径，同时，行业协会机制的建立以及自身公信力的提升对于建立信用政府也具有反作用和重要的现实意义。

三是紧扣本土现实，突出可操作性意义。主要表现在本研究针对行业协会的公信力建设，立足于我国农业经济发展和乡村经济振兴的时代格局，选择在这一过程中发挥着重要作用的非营利性组织——农村专业技术协会进行个案研究，从内部治理机制建设的角度对该行业协会的自主治理进行详细深入的挖掘，以期为行业协会自主治理以及公信力建设提供相应的经验借鉴和对策参考。

综上所述，本研究试图通过创新政府信用建设的研究视角以及基于行业协会自主治理的公信力建设两个维度，探讨政府与行业协会如何在互信关系的基础上建立长期的互惠互利合作，共同发挥在国家公共事务治理中的功能与作用。

第二章　相关核心概念的基本认识

一、治理概述

“治理”（governance）一词作为学术用语，最早兴起于20世纪90年代。1995年，在全球治理委员会发表的一份题为《我们的全球伙伴关系》的研究报告中，“治理”被界定为“各种公共的或私人的个人和机构管理其共同事物的诸多方法的总和，是使互相冲突的或不同的利益得以调和并且采取联合行动的持续的过程”[1]。全球治理理论的主要创始人之一詹姆斯·罗西瑙（J. N. Rosenau）用“没有政府的治理”来概括这种新的国际事务治理方式，将治理定义为“一系列活动范围内的管理机制”[2]。英国学者格里·斯托克（Gerry Stoker）通过对有关治理各种观点的梳理与整合，指出治理应该包含以下五个层面的理解：①治理主体不完全是政府这个主体，还包括其他社会主体；②治理的目的是解决一些经济问题、社会问题等，但治理主体职责界定不清；③治理主体彼此间存在着权力的依赖；④治理主体间构筑成一个自组织网络；⑤治理的手段和方法不再局限于政府的权力等，还存在其他的方法和技术。[3] 它有四个特征：即治理不是一整套规则，也不是一种活动，而是一个过程；治理过程不是基础不是控

---

[1] Commission on Global Governance. Our global neighborhood: The report of the commission on global governance. Oxford University Press, 1995: 19—21.

[2] ［美］詹姆斯·罗西瑙：《没有政府的治理》，南昌：江西人民出版社，2001年，第5页。

[3] Gerry Stoker. From government to governance, Bernard browned. Comparative politics: Notes and readings. Peking University Press, 2003 (3): 137—139.

制，而是协调；治理既涉及公共部门，也包括私人部门；治理不是一种正式的制度，而是持续的互动。[1] 因而，治理是国家和公民社会的合作、政府与非政府的合作、公共机构与私人机构的合作、强制与自愿的合作。[2] 由此可见，治理是由包括政府在内的各种治理主体在合作、协商的基础上建立的一种伙伴关系，这些治理主体围绕共同关注的目标展开行动以实现公共管理和公共事务的有效解决。诸多学者认为治理理论代表了一种全新的公共管理范式。

在20世纪末期，我国政治学者俞可平撰写了《治理与善治》一书，将治理这一术语引介到中国，指出治理和善治的本质特征是公民社会组织对社会公共事务的独立管理或者与政府的合作管理。[3] 之后，治理以及治理理论的研究和应用在我国学术界开始流行并一直持续到现在。2013 年，党的十八届三中全会通过了《中共中央关于全面深化改革若干重大问题的决定》，该决定提出了全面深化改革的总目标，即完善和发展中国特色社会主义制度，实现国家治理体系与治理能力现代化。至此，治理理论开始从学术话语上升到党和国家主流政治话语体系。随着这一崭新命题的提出，学术界持续围绕该主题给予探析，从不同视角对治理理论进行了深入分析、诠释和论证，在此基础上，形成协同治理、均衡治理、合作治理、协作治理、协商治理、整体性治理、元治理、多元共同治理、互治等相关治理理论，以不断适应我国治国理政的现实发展需要。

尽管诸多治理理论之间存在解释度交叉现象，[4] 导致在治理理论上较难达成广泛共识，但核心主旨没有发生改变，仍然是围绕社会主体的单一权力中心，强调治理主体的多元化即政府与民间、公共部门与私人部门以

---

[1] 蔡磊著、李昌麒主编：《非营利组织基本法律制度研究》，厦门：厦门大学出版社，2005 年，第 36 页。

[2] 参见余晖：《转型期自治性行业组织的生发机制》，该文为余晖主持的中国社科院工业经济研究所 1999—2000 年度重点课题《市场经济下的行业管理》的总报告。

[3] 俞可平：《治理与善治》，北京：社会科学文献出版社，2000 年，第 5 页。

[4] 巩建青、乔耀章：《全面治理：习近平新时代治国理政的理论新命题》，《行政论坛》，2018 年第 5 期。

及相互间的协商和合作关系。多元治理意味着主体之间包括权力在内的各种资源的相互依赖，并且需要参与治理的各类组织通过不断地沟通磨合，建立彼此信任的合作关系才能得以实现。

二、行业协会的发展与定义

行业协会（Trade Promotion Association）是发达市场经济国家普遍存在的一种旨在促进行业发展、规范行业秩序的社会经济组织形式。对于行会的起源问题，马克思曾做了高度概括，指出行会的形成是“以劳动的、手工业的城市的发展到一定高度”[1]为前提，是“手工业劳动发展的特殊形态”[2]。根据现有历史资料，行会最早可以追溯到公元前7世纪左右的中国、埃及、印度、希腊等文明先进国家。在我国历史上先后出现的“肆”“行”等封建组织可以看成行会的雏形，到中世纪末期，行会进入了兴盛时期，当时欧洲的手工业行会和商业行会，可以说是现代意义上行业协会的前身。

到了18世纪末的工业革命和机器大工业时代，伴随着封建性行会的解体，行业分化的进程加速，工业领域的行业协会开始建立。特别是第二次世界大战以后，随着商品生产规模扩大和社会生产分工的细化，更多的生产部门和新的行业从原有部门和行业格局中独立和分化出来，为最大限度地减少恶性竞争，实现共同发展，企业之间达成共识，按照约定自愿组成利益共同体采取一致行动，自此以后，行业协会得到了长足而蓬勃的发展。在国外，很多政府的社会管理职能都是通过商会、行业协会履行的，甚至是通过国际性的行业联合会来制定行业标准、规范行业行为，通过商会和行业协会维护其成员利益。

受惠于改革开放创造的宽松环境和机遇，我国的行业协会也有了迅猛

---

❶ 马克思：《资本主义生产以前各形态》，北京：人民出版社，1956年，第38页。

❷ 同上，第36页。

发展，其发育成长大体上分为三个阶段：一是20世纪80年代的起始阶段，随着改革开放的进展和国务院提出“按行业组织、按行业管理、按行业规划”的指导原则，开始组建了一批行业协会。二是20世纪90年代的调整发展阶段，主要是政府机构改革和撤并工业部门相继发展了一批行业协会。在十六届三中全会《中共中央关于完善社会主义市场经济体制若干问题的决定》中，多次强调发展各类行业协会，加强行业自律以完善市场体系。三是21世纪以后的转型阶段，这一时期行业协会的发展显著表现在，一方面为适应我国加入世界贸易组织的需要，许多外向型行业和新兴行业组建起相应的行业协会，自下而上的行业协会开始在市场经济较为发达的地区发挥其行业治理的功能。另一方面，随着国家治理体系和治理现代化改革的推进，国家日益重视行业协会的治理主体地位，并深刻认识到行业协会的发展困境。

为厘清政府、市场和社会的关系，还原现代社会组织体制政社分离、依法自治的本质特征，2015年7月8日，中共中央办公厅、国务院办公厅下发了《行业协会商会与行政机关脱钩总体方案》。该方案明确提出，要积极稳妥推进行业协会商会与行政机关脱钩，厘清行政机关与行业协会商会的职能边界，加强综合监管和党建工作，促进行业协会商会成为依法设立、自主办会、服务为本、治理规范、行为自律的社会组织；最终通过行业协会管理体制和运行机制的创新，激发协会的内在活力和发展动力，提升其行业服务能力，使行业协会在经济发展新常态中的应有作用和独特优势得到充分发挥。该方案的出台，意味着正式从国家层面全方位、稳步推进行业协会治理变革，同时也意味着国家进一步明确了行业协会作为现代社会公共多元治理的主体地位，并与承接政府职能转移相互呼应。

至此，自上而下形成的行业协会逐渐在人员、财务、业务等方面与业务主管部门脱钩，行业协会开始进入存量转型的关键发展阶段。全国性行业协会商会先后于2015年11月、2016年6月、2017年1月开展了三批脱钩试点，并取得了积极成效，截止到2018年4月，全国性行业协会商会已完成脱钩388家，在机构、职能、资产财务、党建、外事等事项方面基本完成了政社分离，职能边界逐步厘清，行业协会商会的内在活力和发展动力开始逐步激发。

关于行业协会的界定，不同国家的不同学者均有不同的解释，许多针对行业协会进行专门研究的著作和论文都对其概念进行了详细的阐述和区分。例如在《行业协会发展理论与实践》一书中作者就提到：在日本，经济界普遍认为行业协会是指“事业者以增进共同利益为主要目的而组织的事业者的结合或联合”。美国出版的《经济学百科全书》认为，行业协会是“一些为达到共同目标而自愿组织起来的同行或商人的团体”。英国关于行业协会的权威性定义是：“由独立的经营单位组成，保护和增进全体成员既成利益的非营利组织”。我国理论界的一种观点认为，行业协会是以同行业企业为主体，在自愿基础上为增进共同利益而组织起来的社会经济团体。行业协会指“具有同一、相似或相近市场地位的特殊部门的经济行为人组织起来的、界定和促进本部门公共利益的集体性组织”（Oliver E. 1975）。本研究所指的行业协会主要是同行业的企业出于共同需要而自发成立的，其性质仍然属于互益型的社会经济团体。受治理理念的影响，行业协会被普遍认为是政府、市场以外的一种治理主体和方式。如孟亚男认为行业协会作为一种治理主体，是市场领域内企业成员维护自身权益，协调和规范行业内部竞争，实现自我治理，并且能够与政府和其他市场组织进行平等对话及互动，结成伙伴关系的社会组织。[1] 需要指出的是，本研究无意在行业协会的界定上做过多争议和赘述，结合本研究所关注的领域，旨在让读者对本研究所强调的行业协会的外延和性质有更清晰的认识。

三、行业协会的“实然”与“应然”

从我国现实情况来看，在脱钩以前，理论界普遍把行业协会按创办主

---

[1] 孟亚男：《政府、市场与社会：我国行业协会的变迁及发展研究》，保定：河北大学出版社，2014 年，第 21 页。

体的不同划分为“民办”“官办”和“半官半民”三种类型。“民办”行业协会是指同行业企业出于某种共同需要而自发成立的协会，它通过民主选举产生协会领导机构，依靠会员企业的会费筹集活动经费，政府部门一般不干预协会工作。市场经济发达国家的行业协会大多属于这种类型。所谓“官办”，是指政府部门组建和主办的行业协会，其编制、干部选配、活动经费来源等都主要由政府主管部门解决，常采用行政机构和行业协会“两块牌子、一套班子”的做法。所谓“半官半民”的行业协会是指由政府部门牵头或由政府委托企业牵头组建的协会，企业自愿参加，协会的领导成员多由企业民主协商推选，同时政府部门也指派少数干部担任协会的领导职务。协会独立活动，同时又接受政府主管机关指导，协助政府搞好行业管理。活动经费除了企业会员缴纳的会费和向企业提供服务所获得的收入，行政机关给予一定的资助。[1]

尽管随着2015年脱钩方案的贯彻实施，行业协会正分批次逐步实现与行政机关在职能、人事、财务等方面的分离，但在实际运作中，长期“官办”的影响很难在短时间内彻底消除。为了更好地运用新制度经济学的相关理论分析行业协会与政府之间的关系，本研究侧重于将行业协会与政府作为两个相互独立的主体来对待，所以本研究所强调的行业协会倾向于“民办”，其主体主要是指同行业的企业出于共同需要而自发成立的，其性质仍然属于互益型的社会经济团体。

面对笔者这样的论述，人们可能产生这样一个疑问：我国现有的行业协会多带有“半官半民”的色彩，然而本研究在对行业协会进行理论分析的时候，却是以纯粹的民间性的行业组织为规范对象，那么这种立论与我国现今的体制改革实践和国情是否相符呢？笔者认为，实情的确如此。从理论上来说，目前学术界公认的对“第三部门”基本属性的权威性概括应该要算美国著名的学者萨拉蒙（Lester M. Salamon），他归纳出“第三部

---

[1] 翟鸿祥主编：《行业协会发展理论与实践》，北京：经济科学出版社，2003年，第3页。

门”的五个基本属性：正规性、民间性、非营利性、自治性、志愿性。[1]如果严格按照萨拉蒙概括的上述属性来进行衡量，那我国具有典型意义的民间非营利组织还相对处于弱势发展的地位，如果我们仅仅从我国现实的行业协会“实然”状态出发，那么本研究关于行业协会的相关论证确实与现实有一定差距；但是，从发展趋势来看，随着我国经济和政治体制改革的逐步深入，在我国全面建设小康社会，积极完善社会主义市场经济体制以及全面推进国家治理体系的今天，行业协会的民间性和自治性特点将越来越突出，必然成为行业协会的发展趋势。

很多专家学者乃至社会也在大力呼吁发挥行业协会的作用，并认为完善的社会主义市场经济体制需要如下标准的行业协会：行业协会应是非营利、非政府的社会团体；应该是互益型的社会组织；应该是以企业家（个人或者团体）为主要群体的会员制组织；应该由相关企业自行组建，是法人性质的民间经济团体，不隶属于政府。[2] 所以，笔者选择从行业协会的“应然”状态出发，也是顺应行业协会向民间化、自治化方向发展的趋势和要求，期望能在此基础上做出新的尝试和思考与学界前辈、同行和实际工作者切磋交流，并期望今后能与更多的学者一起共同在行业协会的发展空间方面进行更深入的探讨和研究。

四、对信任的基本认识

信任似乎是“神秘而无形的”并且包含了多方面因素的一个概念。[3] Stein and Harper（2003）将信任描述为既是广义的又是难以界定的。它在许多跨学科文献中有着广泛的研究，涵盖了心理学或社会心理学、社会学、经济学、组织行为学和政治学等。在这些学科研究中，信任被衍生成

---

[1] 莱斯特·M. 萨拉蒙等：《全球公民社会——非营利部门视界》，社会科学文献出版社，2002年，第3页。

[2] 张海鸿：《在政府与社会之间——行业协会的由来》，《团结》，2004年第3期。

[3] Lewis, J. D., & Weigert, A. (1985). Trust as a social reality. Social forces, 63 (4), 967—985.

人际信任、社会信任、组织信任、制度信任、政治信任等多个子概念，并且还有学者从不同角度对信任进行了解释（如结构、类型、属性等），使得对信任的定义和内涵认识产生了一系列的困惑。本研究主要通过对信任的跨学科认识来理解信任的深刻内涵。

（一）不同学科对信任的解释

1. 心理学视角

心理学家倾向于将信任视为一种人际现象，他们将信任视为信任方与被信任方之间的内在认知过程（Lyon，Mšllering and Saunders，2015；Rotter，1967；Tschannen - Moran，2014；Van Ingen and Bekkers，2015））。信任就是相信他人的一种倾向（Rotter，1971），涉及个体特性（Hoff and Bashir，2015；Moorman，Zaltman and Deshpande，1992；Morgan and Hunt，1994；Schultz and Schultz，2016）或者对被信任方的认知（Johnson and Grayson，2005；McAllister，1995）。例如，Rotter（1967）将人际信任定义为“个人或群体对另一个人或群体的文字、承诺或口头、书面陈述产生信赖的期望”[1]。信任是依赖具有自信的交换伙伴的一种意愿。[2]。“信任是信任方基于对被信任方的积极期望和意图，并面临被信任方风险的一种个人心理状态。”[3] 这些研究人员通常将信任概念化为个体内在的心理事件，包括个体的心理活动、人格特质、个体行为，关注信任的认知内容或行为表现，而没有考虑系统的社会现实因素的影响。表 2.1 展示了信任在心理学中的部分定义。

---

[1] Rotter，J. B.（1967）. A new scale for the measurement of interpersonal trust. Journal of personality，35（4）：651.

[2] Moorman，C.，Zaltman，G. and Deshpande，R.（1992）. Relationships between providers and users of market research：The dynamics of trust within and between organizations. Journal of marketing research，29（3）：315.

[3] Rousseau，D. M.，Sitkin，S. B.，Burt，R. S.，& Camerer，C.（1998）. Not so different after all：A cross - discipline view of trust. Academy of Management Review，23（3）：396.

表 2.1　心理学对信任的定义

作者	定义
Rotter (1967)	个人或群体对另一个人或群体的文字、承诺或口头、书面陈述产生信赖的期望（第 651 页）。
Schlenker, Helm and Tedeschi (1973)	信任有三个方面：认知、情感和行为。认知信任是信任方做出连贯性的决定以表示对被信任方的信任。情感信任就是以感性的方式建立对被信任方的信任；行为信任就是建立在承诺基础上的信任（第 423 页）。
Wheeless and Grotz (1977)	当彼此持有某种有利看法的当事人允许这种关系达到预期结果时，信任就产生了(第 251 页)。
Moorman et al. (1992)	信任就是“愿意依靠一个有自信的交换伙伴”（第 315 页）。
Rousseau, Sitkin, Burt and Camerer (1998)	信任是“个人基于积极的期望和被信任方的意图，信任方将自己暴露于被信任方风险的心理状态”（第 396 页）。
Kim (2005)	信任的概念可以从认知、情感和行为维度去认识其多方面的特征。

资料来源：作者整理

2. 社会学视角

社会学家将信任放到不可缩减的多维的社会现实中进行理解，他们往往将信任视为一种社会现象或本质结构，将信任视为存在于人类或机构中的集体属性（Lewis & Weigert，1985）。例如，Farris，Senner and Butterfield（1973）将信任定义为“人们与组织外部环境相互作用的人格特征”（第 145 页）。Sherchan，Nepal and Paris（2013）基于两个层面对社会学中的信任进行了阐释，即个人层面和社会层面。个人层面的信任与心理学的认知相类似，而在社会层面，信任被视为社会群体的财富，表现为群体的一种集体心理状态(第 5 页)。Rotter（1971）指出，信任受到文化、种族和宗教信仰因素的影响。Mayer，Davis and Schoorman（1995）从组织信任的角度出发，认为组织中的信任涉及两个具体的方面：信任方和被信任方。在社会资本理论中（Putnam，2000)，信任被认为是社会资本的关键要素之一，它是参与公共生活的动力，人们越是信任他人，就越有可能与他人产生合作（Adler & Kwon，2002；Brehm and Rahn，1997；de Zúñiga，Barnidge and

Scherman，2017）。

总之，社会学家将信任定义为制度环境下的一种特征，重视信任如何促进社会交换。他们认为，信任是建立在法律法规或道德基础上的，是文化规范和社会制度的产物。表 2. 2 为信任在社会学中的部分定义。

表 2. 2　社会学中的信任定义

作者	定义
Rotter（1971）	信任受到文化、种族和宗教信仰因素的影响。
Farris et al.（1973）	信任是人们与组织外部环境相互作用的人格特征（第 145 页）。
Lewis and Weigert（1985）	信任是个人和社会团体的财富关键。信任包含了认知元素。认知信任源于累积的知识，使人们能够对信任对象的可信度进行相对可靠的预测（第 970 页）。
Mayer et al.（1995）	信任是“一方基于对另一方能够做出对其非常重要的特定行动的期望而愿意受到伤害的意愿，而不考虑其监督或控制另一方的能力”（第 712 页）。
Sherchan et al.（2013）	社会学对信任的阐释基于两个层面，即个人层面和社会层面。个人层面的信任与心理学的认知相类似，而在社会层面，信任被视为社会群体的财富，表现为群体的一种集体心理状态（第 5 页）。

资料来源：作者整理。

3. 经济学视角

有的经济学家认为，信任是对另一方或机构产生结果的估计或理性预期（Williamson，1993）。交易成本经济学家认为信任是减少机会主义的一个诱因，是降低交易各方交易成本的一种手段（Adobor，2018；Arrow，1974；Dyer and Chu，1997；Fukuyama，1995；Lins，Servaes and Tamayo，2017；North，1981；Rad，2017）。比如，Ouchi（1980）将信任的焦点集中于在交易过程中符合信任方期望的付出与获取的利益或风险上。Dyer and Chu（1997）认为，供需双方关系的信任可以降低交易成本并创造经济价值。Arrow（1974）指出，一个社会的信任水平对经济发展成功与否有强烈的预期。当然，社会学和政治学中的理性选择理论家们也接受这种观点。

根据他们对自利行为的假设，个人会根据信任做出授予酌情决定权的相关决定，信任涉及到对某人会做什么、做出该预测的不确定性概率以及潜在收益大小的预测（Voss，2017）。总之，经济学家倾向于将信任视为一种理性选择机制，他们特别关注如何通过信任促进经济交流（Williamson，1993）。表2.3展示了经济学中信任的部分定义。

表2.3　经济学中的信任定义

作者	定义
Ouchi（1980）	信任关注的是在交易过程中，付出和获取的收益或风险是否与信任方的期望相一致。
Arrow（1974）	一个社会的信任水平能较强地预测其经济的成功。
North（1981） Fukuyama（1995） Dyer and Chu（1997） Lins，Servaes and Tamayo（2017） Rad（2017） Adobor（2018）	信任被认为是降低交易成本的一种手段。
Rapoport，Chammah and Orwant（1965）	在经典的囚徒困境理论中，高度信任的产生，可能是基于以往在重复博弈中与合作伙伴的经历，它往往会导致合作和经济收益的获得。

资料来源：作者整理。

（二）信任与信用辨析

为区分在不同场合强调的侧重点，笔者在论述过程中会交替使用“信任”和“信用”这两个既相互联系又相互区别的概念，因此有必要在这里对这两个概念给大家做一个简单的阐释。

事实上，学术界对“信任”和“信用”的概念并没有达成共识。它们的涵义既有不同之处，也有相同之处。这两个概念本身也是同中有异，异中有同。

根据《韦伯斯特词典》《牛津现代高级英汉双解词典》的分析，信任可以理解为这一组概念的基础性概念。我们可以认为，经济生活中的“低信用度”“低信誉”，其核心是经济活动双方或多方彼此之间信任关系的低下。它包括互动的两个角度：其一，不信任或难以信任交易行为方，不相信对方能够恪守信用、履行承诺、执行契约，导致政府与行业组织之间的合作举步维艰；其二，自身受利益诱惑，选择不顾政府信誉，不讲信用的方式，拒绝履行承诺或契约，引发政府与行业组织间信任关系破裂。[1] 从发生学角度理解，信任关系可以看作双方交易的核心基础。只有存在信任关系，交易双方才可能认同对方产品或其他资源的物有所值，展开进而达成交易。信任关系不仅仅是交易的背景和润滑剂，更是交易的核心。

作为两个相互独立的概念，信用侧重于个体行为方面，从广义上来说，它是指二元主体或多元主体之间以某种需要为目的，建立在诚实守信基础上的心理承诺与约期实践相结合的意志和能力。通俗而言，是指个体、组织或国家的履约意志和能力。[2] 那么，作为政府这一主体而言，政府信用显然就是指政府履行各种承诺和契约的意志和能力。按照这一逻辑，行业协会信用也可以理解为行业协会履行各种承诺和契约的意志和能力。而信任则是一种与在这种关系中的预期——互动的对方不会背叛其承诺的预期。政府信任关系就是指国家行政机构执行国家权力过程中所涉及的对象，包括公众个体、社会群体和各级行政组织，即行政客体，对行政体系总体的，也包括对行政体系各要素、各要素之间的关系及其运动状况的合理期待，以及在行政机构回应基础上的一种互动、合作的关系。作为一种社会资本，政府信任关系集中体现的是政府与公民个人、社会群体或组织的关系状况。[3] 从目前学界对行业协会的研究来看，主要以信用层面的概念或论述为主，对行业协会信任这一说法很少提及，因此本研究也不做进一步的辨析。

简单地说，信用强调的是单方行为，而信任则强调的是双方的互动和

---

[1] 石晓军、陈殿左著：《信用治理：文化、流程与工具》，北京：机械工业出版社，2004年，第25页。

[2] 句华：《政治学视野中的政府信用》，《国家行政学院学报》，2005年第2期，第30页。

[3] 程倩：《政府信任关系：概念、现状与重构》，《探索》，2004年第3期，第35页。

期待，基于契约基础上的交易双方中的任何一方对自身信用状况的重视，客观上都会促进双方信任关系的达成和延续，而双方信任关系的达成和延续又必然要求双方各自加强自身的信用建设以求得信任关系的持久，所以二者也是互相促进、相辅相成的对立统一关系。

第三章　政府与行业协会之间存在互信关系的基础

行业协会作为一种经济制度，它是如何发生的？它的形成对于由计划经济向市场经济转变的现代政府治理有何特殊的意义？它的存在对于我们建立政府信用有何特殊的意义和启示？对此，学者们做了大量的理论工作，其中以交易成本理论为代表的新制度经济学派影响最为深刻。笔者认为，政府与行业协会之间存在互信关系的基础主要表现在以下几个方面。

一、行业协会是一种政府经济治理的制度性结构

自 1994 年我国提出建立现代企业制度、完善公司法人治理结构以来，治理一词在我国的使用频率已经达到了相当高的程度，在政府领域，治理和善治更是被看作政府改革和管理的目标。“善治实际上是国家权力向社会的回归，善治的过程就是一个还政于民的过程，表现为政府与社会之间的友好合作，它有赖于公民自愿的合作和对权威的自觉认同。”[1] 罗伯特·罗茨（R. Rhodes）指出，作为自组织网络的治理是建立在信任与互利基础上的社会协调网络。[2] 在新制度经济学尤其是交易费用经济学派（TCE）看来，哪怕是最简单的交易活动都少不了被 Williamson 称为“治理结构”（governance structure）的某些机制，为的是保护交易主体免遭各种交易风

---

[1] 俞可平主编：《治理与善治》，北京：社会科学文献出版社，2000 年，第 48 页。

[2] Rhodes，R. A. W. The new governance：governing without government. Political Studies，1996，44（4）：652—667.

险的侵害。而对于什么是经济治理？最初的定义为：“经济治理乃是某些行为方式的组合，通过它，相互依存的经济行为人自愿地协调和科层制地控制其自身行为和相互行为。这些行为至少包括：协商贸易条款并缔约、表达利益、配置资源和任务、设立标准、组织信息流和监督服从、构造激励和动用处罚、解决冲突、分配成本与利润以及在不确定和变化之条件下做出选择等。”❶ 并定义如下一些治理结构作为经济治理的制度性设计，这些结构包括“政府科层机构、非正式社会网络或门阀或公社，以及行业协会等非营利的社会团体法人”❷，从而把行业协会组织视为并列于市场、企业、国家、非正式网络的第五种制度性安排，一起参与资本主义经济的治理（Streeck，1985；Schmitter and Hollingsworth，act.，1994），在某些制度化较强的场合，它甚至被称为“私益政府”（private interest government），它的行为方式在余晖的报告中被归纳为四种：①组织和(强制）实施成员间的合作行为；②与其他协会组织订立集体性合约；③变通或影响政府公共政策,以保持和增加其本身和其成员的利益；④提供能够影响交易行为和效果的各类信息。经济学家们说过，制度本身能够“增进秩序，鼓励信任”，政府信用的建立必须基于一定的制度基础，制度是建立政府信用的途径，从这种角度上来看，政府与行业协会之间存在互相信任的基础。

二、行业协会是一种为节约交易成本而达成的契约安排

在市场经济活动中，人们只要一进入某种交易关系，就存在一种合约

---

❶ Schneiberg，Mark，and Hollingsworth，J． Rogers（1990）．“Can Transaction Cost Economics Explain Trade Associations?” In Firm as a Nexus of Treaties（p320—346）．London and Beverly Hills：Sage Publications.

❷ Klein，Peter G.（1998），New Institutional Economics. Hollingsworth，J. R，Schmitter，Philippe C. and Streeck，W.（ed）（1994），Governing Capitalist Economies：Performance and Cintrol of Economic Sectors. Oxford University Press.

安排，人们的交易行为就是合约选择的结果。[1] 那么，在政府与行业协会进行交易的过程中，它们之间的合约机制是如何产生的？为什么政府允许甚至鼓励作为自身制衡力量的协会组织存在？我们可以从行业协会的组织性质中寻找到答案。

明确提出“交易成本”概念的，是20世纪30年代著名的诺贝尔经济学奖获得者科斯，这使得他以及后来的学者们可以采用正统经济学的成本收益方法进行制度分析。虽然科斯提出的交易成本概念在当时是为了用来解释企业存在的原因，但对于比企业制度还要古老的行业经济组织，交易成本的思想仍可以对其存在的原因和活跃程度做出恰当的解释。

在科斯看来，企业的存在是为了节约交易成本，制度运作交易成本差异导致了需要用企业来代替市场。因为，企业的显著特征是作为价格机制的替代物，当存在企业时，契约就大大减少了，某一生产要素（或它的所有者）不必与企业内部其他的一些合作的生产要素所有者签订一系列契约，一系列契约被一个契约所替代。企业的性质就是一种合约代替了一系列合约。[2] 从这个角度看，行业协会（此处所讲的是纯自发组成的行业协会）和企业有着惊人的相似点。根据制度经济学的观点，“如果进行交易要支付成本，那么制度就至关重要”[3]。制度是使交易成本减少的产物，而行业协会这一个创新组织制度产生和发展的唯一动机正是为了节约交易成本，它在本质上和企业是一样的，是以其协会内部的监督、管理的成本来代替企业间经常反复出现的谈判、缔约交易成本，以一个合约代替一系列包括与政府和企业之间的合约，减少市场交易主体的交易成本，行业协会就是在这种交易成本的减少过程中逐渐萌芽而生的一种契约安排。所以从本质上看，行业协会仍然是一种经济组织，能够有效降低交易成本是行业协会得以生存和发展的根本原因。法学家麦克尼尔认为，契约“是有关规划将来交换的过程的当事人之间的各种关系”，而交易和交换本身就是连

---

[1] 易宪容：《交易行为与合约选择》，北京：经济科学出版社，1998年，第1页。

[2] 傅殷才：《制度经济学派》，武汉：武汉出版社，1995年，第32页。

[3] 诺斯：《经济实绩的历史透视》，1993年12月9日接受诺贝尔经济学奖时的讲演。

续性和关系式的不断协议和约定的过程，也就是说，只要存在交易关系，就必然包含双方的契约和信任，信用产生于交易。阿罗也曾提出，信任是经济交换的润滑剂，每一种商业交易都有信用成分在其中。从这个角度来看，行业协会与政府之间天然地存在着契约和相互信任。

三、行业协会的存在使政府具有建立自身信用的动机

行业协会的产生是被企业和政府的利益需要所驱使的，它既能节约企业的交易成本，同时也能减少政府的交易成本。显然，与之发生交易关系的主体主要是企业和政府。下面我们来简单看一下行业协会究竟给企业和政府分别带来了哪些交易成本的降低。

（一）企业选择行业协会所降低的交易成本收益

对于交易成本，科斯认为，市场交易成本应包括发现和通知交易者的费用、谈判费用、签订合同以及保证合同条件的履行而进行必要检查的费用等。我国著名的经济学家张五常在其《经济解释》一书中也阐述了对交易成本的理解，他把交易成本看作一系列制度成本，其中包括信息成本、谈判成本、起草和实施合约的成本、界定和实施合约的成本。当企业按照市场提供的信息做出决策时，不仅需要生产成本，而且还会遇到很多交易成本，如由于市场信息不完全造成的搜集信息的成本、交易中讨价还价的谈判成本以及监督履约成本等。首先，行业协会可以利用自己的信息收集功能，通过信息发布会等形式及时将各种信息传播到本行业的各个企业之中，使企业能获取完整的市场信息，有效降低协会成员的信息搜寻成本；其次，当同行业企业在经济活动中产生争夺资源、竞销产品以及协作过程中的矛盾时，通过行业协会的协调功能，往往比事后调节解决更能收到事半功倍的效果，能够有效降低单个企业处理交易纠纷的成本；再次，通过一个超越于企业自身利益又与企业发展息息相关的组织来协助企业完成经营决策的全过程，能够降低企业进行交易前的经营决策成本。例如：通过

行业协会的信息收集功能，能节约企业大量的广告费用，提高企业的竞争优势和核心竞争能力，增强凝聚力，通过节约资源而降低企业经营过程中的交易成本。为加入行业协会的企业提供周到的服务是行业协会的宗旨和职责，也是行业协会存在的前提和发展的基础，因而企业选择行业协会的成本很低，只要愿意缴纳会费、支持行业协会的活动，同一行业中的任何企业都可以享受这一特殊服务。

（二）政府选择行业协会所降低的交易成本收益

传统的全能政府对所有事务都进行插手和干预，但往往是投入颇多而收效甚少。而如果政府能将一些职能转变下放给行业协会，则可以通过节约交易成本而带来大量的成本收益。首先，可以节约建立新的组织架构和雇用雇员的成本，减轻政府的财政负担；其次，可以减少与单个企业之间的缔约成本和谈判成本，节约管理费用；再次，可以节约政府搜寻信息的成本，提高工作效率。政府为加强行业管理，了解行业信息，制定相关的行业政策，必须进行相关的信息搜寻，面对众多的企业，政府要想从中搜寻到相关信息，就必须付出大量的搜寻成本，而如果存在行业协会，那么就可以完全利用行业协会信息收集的功能，政府只需要支付行业协会一次成本就可以达到同样的效果，即用一个长期合约代替一系列合约，从而降低政府的交易成本。

虽然从科斯的交易成本扩大理论来看，政府通过职能转变达到节约成本目的的同时，还要支付订立契约的成本和对行业协会进行监督的成本，但相对于微观管理而言，实行宏观管理的成本低得多。[1]

可见，行业协会的出现改变了政府的长期支付结构和支付成本，从节约自身交易成本的角度出发，政府具有建立自身信任的动机，政府必须有信用地对待行业协会，才能从中得到如此多的好处。经济学家张维迎曾在他的《法律制度的信誉基础》一文中提到，在市场交易的经济活动中，

---

[1] 何俊峻：《行业协会产生与发展的经济分析》，《生产力研究》，2004 年第 4 期，第 104 页。

“信誉和法律是维持市场有序运行的两个基本机制，与法律相比，信任机制是一种以低成本维持交易秩序的机制”❶。

四、行业协会的制衡功能使政府“保护工商业”的承诺具备履行的理性基础

（一）传递信息

信用依赖信息，如果社会没有足够的信息提供的话，那么这个社会就不可能有信用制度。行业协会是企业与政府之间提供信息的基础，它存在的宗旨和目标就是要代表企业利益，为政府和企业之间营造良好的交易环境。而收集、加工和传递信息则是行业协会的基本职能，它通过监督和记录市场中政府与企业之间的交易行为，使欺骗行为更容易被观察和传播，为二者之间的信任机制提供信息沟通的基础和桥梁。

（二）行动协调

在社会博弈中，面对强大的对手——政府，单个企业的力量微不足道，当其受到侵害时采取的“报复”行为往往无法给政府带来真正威胁，但如果该企业是行业协会的一员，独立自治的行业协会将引导全体会员采取一致的报复行动，体现集体行动的强大震慑力，使得政府不得不重新进行利益权衡，从而改变其短期的利益行为，使“不侵害”成为政府考虑长远利益的理性选择，自觉地履行“保护工商业”的承诺。

（三）政策游说活动

一方面，行业协会能够代表会员提出团体的利益诉求和制衡政府部门的不当干预和侵权，他们自身不谋求取代政府，而是以压力集团的形式出

---

❶ 张维迎：《信息、信任与法律》，上海：三联书店，2003 年，第 27 页。

现，通过压力活动促使政府改变不合理的政策；另一方面，政府由于不愿失去整个行业的支持而受其制衡，这将促进政府的治理逐步走向良性、善治，制定出更合理的政策、规定。在日本，产业政策、补助金的交付、税率的降低、贷款的拨给，都是通过与行业协会的交涉来进行的。而我国行业协会的游说能力也逐步对政府产生了实际的影响。例如，2003 年 1 月底，我国国内棉花价格持续上涨，使得棉纺企业面临生存危机，此时，各企业为争取自身利益不受损失而联合起来，将求助之手伸向了中国纺织工业协会。于是，中国纺织工业协会代表棉纺企业于 3 月向政府提交了一份报告，呼吁政府对棉花市场实施调控，并很快得到了政府的回应。4 月 8 日，国家发改委等五部委联合发布通知，要求棉花企业加紧销售，随后国内棉花价格开始逐步走低。[1] 李秀峰、曾文远（2006）对中国国际货运代理协会国际快递工作委员会进行个案分析发现，该委员会通过参加政府征求意见会、向政府呈递正式意见函、专家和媒体呼吁等多种游说方式，对政策制定产生了较大的影响。

综上，信任从经济学的角度来看是人们理性选择的结果。因政府拥有国家权力，在博弈中具有绝对优势，所以尽管它向社会公开承诺“保护工商业”，但除非有明确的事实显示“保护”就是政府的均衡选择，否则始终会被怀疑为不可信承诺，即使政府的本意并非如此。也许数量众多、力量分散的单个企业对政府而言无足轻重，但政府一定不愿失去整个行业的支持。企业的联合使得政府“保护工商业”的承诺具备了理性基础，因而具有可信性和延续性，促使政府不得不恪守承诺，树立自身良好的信用形象。

然而，综观当前我国政府与行业协会之间交易互动的现实状况，不难看到，政府在履行“保护工商业”的承诺方面还存在很多失信违约现象，这些现象不仅限制和阻碍了行业协会的进一步发展，更重要的是降低了政府在行业协会领域的权威地位，失去了工商业界对它的信任。改革初期，

[1] 蔡嗥琦：《协会、制衡与政府信誉》，《经济评论》，2004 年第 1 期，第 112 页。

民间对政府经济政策的可持续性曾有怀疑，因为有的地方甚至存在地方政府无端侵占私营企业的现象。试想，如果企业主最基本的财产权都得不到保证，那就很难希望民间自主产生企业家创业精神，而中国本土企业的壮大也因此失去了动力源泉。所以，认识和理解我国目前行业协会与政府之间经济往来中真实的信任关系面貌，是缓解我国经济生活领域“低信任度”“违约”现状，建立和完善政府信用的一项重要工作。

对中国政府来说，如果能够鼓励企业组成行业协会，或促进现有官办行业协会转型并吸收处于弱势地位的私营企业加入，同时对行业协会的地位和权利义务在法律上加以保障，以协会的制衡力量促使政府履行承诺，保证企业自身合法权益不受侵犯，那么将在激发市场主体的创造力和奋斗精神，为市场经济良性发展创造必要条件的同时，实现自身对“保护工商业”的承诺，树立起政府公信力的良好形象。

第四章　政府与行业协会之间存在互信缺失

一、政府层面

（一）政府对行业协会定位模糊和认识偏差，限制了行业协会的生存发展

关于行业协会的作用，学者们曾经做过比较完整的归纳，认为行业协会是完善市场运作机制的重要载体，是社会宏观服务监管体系上的微观层次的自我服务和自我约束的基础，是规范市场竞争秩序的重要手段，是转移政府部分职能和协助政府管理经济的重要通道，是融入世界经济体系和规则的重要杠杆，是直接推动生产力发展的经济类组织，等等。[1] 然而一些地方和部门在实际工作中缺乏前瞻性，对行业协会发展规律认识不足，对新形势下行业协会的发展意义、发展趋势认识不清，虽然经常在报告、讲话中提到要发挥行业协会的作用，但实际在潜意识里不是把行业协会作为帮助政府“管理”企业的机构，而片面强调“辅助”“帮手”的作用，对“代表”“维权”不愿多谈。它们从当前我国行业协会的实力不强、作用有限的客观现实，简单得出“行业协会作用不大，还是政府直接管理为

---

[1] 参见安蓉泉：《行业协会发展面临的主要问题和政策建议》，《中共杭州市委党校学报》，2004 年第 2 期。

好”的结论。定位模糊和认识偏差，导致政府对行业协会产生了不信任的态度，进而阻碍了行业协会的发展壮大。

（二）行业协会在交易过程中的非主体独立性地位是政府失信的重要原因

交易是建立在平等基础上的，如果交易主体之间是一种非对称的地位关系，就不存在产生相互信任的根基，甚至会更进一步地破坏现有信任状态而成为强权势力下的腐蚀工具。我国的行业协会有很多都是政府部门利用行政权力牵头有计划组建而成的，或是随着政府机构改革和专业部门的撤销设立的，与政府之间有着密切的联系，因此在成立之初就带有明显的官办色彩，并非真正的自治性组织。它们大多由原来的行政性行业管理机构“变脸”而来，或是由现在仍行使着行业主管职能的行政机构派生出来的，行业协会的领导大多由业务主管单位推荐，部分行业协会习惯于依靠行政主管部门开展工作，“二掌柜”现象非常严重。

作为独立的法人主体，这类行业协会没有完全的自治权力，大都成为服务于政府或接受政府领导的辅助组织。目前，尽管行业协会与行政体系的“脱钩”大战进行得如火如荼，行业协会去行政化改革取得了一定成效，但实际情况却异常复杂和困难，形式上的“脱钩”无法阻碍实际利益的纠缠，表面的分离与实际关系的盘根错结导致了行业协会与政府之间的“貌离神合”。作为一种社会组织如果没有合理和准确的社会身份和地位，没有真正意义上的独立主权，必然会受到诸多牵制而无法实现自我功能，最终沦为政府的附庸品。而更为严重的是，缺乏相对独立性的行业协会事实上处于权力与市场的中空地带：一方面，行业协会与政府机构之间有着千丝万缕的联系，对于行业内企业具有一定强制力；另一方面，它们又不属于行政序列，因而不受相关法规和伦理的约束。结果，行业协会的成员往往蜕化为“内部人”也即是政府二掌柜，依靠出售权力甚至仅仅是权力的影子而成为聚敛钱财的工具。

（三）基于委托代理关系，出现激励不足和寻租现象

虽然政府通过授权、权力转移或下放的方式，委托行业协会承担一部分管理职能，但在现实生活中，由于没能实现完全意义上的政会分离，作为职能代理人的行业协会因行政权力的介入而很少能够真正发挥作用。加上政府委托人激励不足现象严重，即使政府能够了解到执行代理人的行为，但由于委托人与代理人均非行政行为的最终受益者，他们都有追求自身效用而非行政效果最大化的利益冲动。在这种情况下，政府委托人不仅缺乏激励、缺乏动力监督执行代理的行为，相反，有时候会发生委托人包庇执行代理或与执行代理一同侵吞政策资源的现象，出现寻租现象。比如一些大型国有企业可以完全忽视行业协会“为企业利益服务”的宗旨，直接通过贿赂手段来与政府保持良好的特殊亲密关系，利用政府转移给它的行政权力使自己处于市场优势地位，从而产生政治腐败。[1] 这都是由于政府在委托行业协会代理其职能的过程中缺乏相关的激励和监督机制造成的。

（四）政府职能转变和政策落实不彻底，使其“保护工商业”的承诺受到质疑

事实上，中央和部分省市对行业协会相当重视，他们出台的一些相关文件，对于行业协会的发展有着重要的指导意义，但现实中进展缓慢，落实不力。如国家经贸委 1999 年 11 月就发布了《关于加快培育和发展工商领域协会的若干意见》，指出：结合政府机构改革和职能转变，工商领域协会的职能大致分为企业服务、维护企业合法权益、协助政府部门加强行业管理三类，并具体规定了行业统计、职业培训、组织展销、质量管理、成果鉴定和推广、制定行规行约、参与制定行业标准、参与经营许可证发

[1] 我国行业协会基本上由本行业内少数大型国有企业操纵，它们只要与政府单线联系，就可直接从政府处获得好处。

放和资质审查等17条重要职能。又如国家经贸委会同国家统计局发文《关于授予行业协会行业统计职能的通知》，也明确授予了包括中国电力企业联合会、中国汽车工业协会等在内的行业协会三大统计职能，但实际执行情况并不理想。2013年中央政府开始在全国范围内全面实行行政审批项目下放和取消，但各地政府在落实过程中却出现了政府“不愿放”“无关痛痒的放”“不放心放”的放权怪相。2015年“脱钩”方案出台后，国家专门成立了脱钩工作领导小组推动此项工作的开展，从整体上看，全国性行业协会脱钩情况良好，截止到2017年，400多家全国行业协会试点单位已全部完成脱钩，而地方政府在推动“脱钩”过程中却进展不一、力度不同。在中国现实国情下，没有法律规范不行，有了法律规范再加上政策配套、行政推动，才能把改革举措落到实处。[1] 如果这些政策措施不能落实，势必会使政府陷入言而无信、言而无果的被动局面。

（五）政府不作为造成的信用缺失

既然行业协会承担了一部分原来政府的职能，就需要从政府获得相应的资源；政府则有责任为行业协会的发展和规范创造良好的法律政策环境，并在宏观上对经济发展和公共物品的提供进行调控。这是二者基于相互信任基础上达成的不言而喻的责任和义务，而政府的不作为和放任自流的做法，明显是对信用关系的破坏和违约。我们提倡政府和行业协会之间要“政社分离”“政事分开”，但并不意味政府从此可以卸掉“包袱”，弃置不理。“分离”主要是指“决策权”的分开，行业协会重大决策的自我酝酿、自主决定程度，才是其民间化的根本标尺，它与政府资助并不排斥。“脱钩”也不等于“脱管”或“一脱了之”，需要较为完善的配套政策保障实施。而目前我们可以看到，政府在推动行业协会发展的专题研究仍然不够深入，出台的相关政策不够全面，解决行业协会发展矛盾的办法

---

[1] 安蓉泉：《行业协会发展面临的主要问题和政策建议》，《中共杭州市委党校学报》，2004年第2期。

不够灵活，与其他一些发达国家相比较而言，政府在舆论氛围、资金扶持、职能转移、协会实力增强等方面都相对滞后。事实证明，行业协会的发展，往往取决于地方政府和相关部门领导对这项工作的重视程度。如果他们不重视这项工作，行业协会在行业中就难以有所作为，更不可能得到更好的发展，甚至最终会带来基于信任基础上的契约关系的终止。

二、行业协会层面

萨拉蒙认为，非营利组织也存在着“失灵”的可能性，他认为这种可能性有以下几个方面：公益的不足（philanthropic insufficiency）。由于非营利组织的资源是不稳定的，所以提供的服务也是不稳定的。一是公益的特殊性（philanthropic particularize）。有些组织可能发展为极端的、排他性极强的、只为特殊群体服务的组织。二是公益的父权性（philanthropic paternalism）。指可能为少数人控制，变成私人图利的组织。三是公益的业余性（philanthropic amateurism）。从事公益活动的常常是自愿服务者，可能热心有余而专业不足。

对于这个问题塞蒙也有所研究。他认为，非营利组织的发展在当代遇到五种困境：一是任务困境。非营利组织的社会、文化或经济任务为何？它应该与政府或企业保持密切或独立的关系。二是财务困境。非营利组织的经费来源如何解决？民间个人或企业的捐助、政府的补助或自行经营业务与收费的比例如何分摊？三是权力困境。非营利组织可以影响政府或营利部门决策过程的底线为何？四是效能困境。非营利组织本身的效能为何？如何改进组织效能？五是治理困境。非营利组织可以在不影响其贡献、社会秩序多元的前提下，对不同的利害关系团体负责吗？如何担当治理过程中的责任？[1] 当然，除了以上原因外，很关键的一点是由于这个部

[1] 张霞、张智河、李恒光主编：《非营利组织管理》，济南：山东人民出版社，2004 年，第 87 页。

门的复杂性而带来的混乱，各种非营利组织良莠皆存，在调动社会生命力的同时，也隐藏着大量的社会问题。以美国为例，有调查指出，民众对非营利部门的信任有衰退的倾向，这其中当然也包括对行业协会的信任。单就行业协会来看，它的局限性如下。

（一）行业协会对市场经济发展的作用具有两重性

事实上，要使行业协会对市场经济发展起积极作用必须满足两个前提条件：一是市场的规模要足够大，以便保证市场之中存在实现规模经济的广阔空间；二是市场的竞争程度要足够激烈（要求市场之中有数目较多的厂家和消费者），以免企业通过行业协会形成垄断从而造成社会福利的净损失。也就是说，行业协会长期发展起来的信息能力和协调能力所形成的规模经济和外部经济是一柄“双刃剑”，它既有节约成员交易成本、降低市场不确定性和增强行业整体竞争力的优势，又有阻碍竞争和增加社会成本的劣势。当市场之中的企业数目多且力量相对平均，比较接近于完全竞争市场的时候，行业协会就可以在抵制恶性竞争以及规范和协调企业市场行为方面起到重要作用，也就是说，行业协会在这样的历史时期，对经济发展的积极作用占主要方面。

相反，行业协会作为一个经济实体，同样也具有追求利益最大化的要求。为了维护本行业或者本地区的行业利益，往往通过建立价格同盟来形成行业或者地区垄断，损害公众利益。也即当行业在目标市场之中已经出现了强有力的垄断企业的时候，就很容易把天然的协调能力转化为共谋的能力，实施有损于竞争者、客户、消费者以及协会内弱小企业利益的行为。这些行为在限制竞争方面的表现有统一定价、数量限制、划分市场、共同抵制和拒绝同行非协会会员进入已有市场的竞争等；在鼓励不正当竞争方面的表现有拒绝交易、价格和交易条件歧视、内部利益团体的歧视等。此外还有对会员之职能和活动的限制。此时，行业协会的负面效应就占了主导。[1]

在我国现实生活中，经常可以看到这样的现象，一些行业协会迫于生存压力，或受到市场利益的驱动，并没有把会员利益放在第一位，甚至完全背离组织的宗旨，导致违法违纪行为时有发生。更有甚者，他们把牟取利益之手伸向了本行业企业内部，见利忘义，千方百计吃行业、刮企业，以营利或弥补经费不足为目的，对行业内企业进行乱评比、乱摊派、乱收费，使得企业很反感。行业协会的这种职能错位，不仅造成行业混乱，引发矛盾和纠纷，扰乱市场正常的经营活动和交易秩序，而且损害自身的公信力，损害政府和企业的形象，更加制约了它们对政府管理的有效参与，破坏了二者基于委托交易而产生的信任关系。

（二）行业协会自身存在不能取得政府信任的“短板”效应

政府部门的一些权限没有转移给行业协会的另一个“合理性”因素是部分行业协会自身能力不足，自律性和诚信度不高，社会公信力不足，对政府和社会缺乏有效的回应，导致政府部门对行业协会不放心，难以对其产生信任。这主要表现在以下几个方面：

一是行业代表性不强，覆盖面窄。在全国性行业协会中，参加本行业协会的企业多是国有、改制企业，外资、个私企业很少，使协会所能掌握的企业和本行业的信息不充分，难以发挥综合性的全面协调功能。而且由于覆盖面小，非主流会员企业缺乏动力，加上政府的财政补贴没有或是有限，导致协会的管理资源无法保障，经费短缺已经成为制约我国行业协会发展的瓶颈，因而很难提供充分的信息服务和开展集体性的协调活动。

二是功能薄弱和缺失。部分行业协会尚未建立起现代社会组织制度，内部治理不完善，组织机构不健全，民主管理未落实，财务管理不透明。目前行业协会的生存状况，可以大致分为三三开：能有序开展工作，在信

---

[1] 王名：《清华发展研究报告 2003——中国非政府公共部门》，北京：清华大学出版社，2004 年，第 238—239 页。

息提供和协调组织方面赢得了会员企业的信任，正朝着自治性组织的方向发展的占三分之一；三分之一以提供简单的信息服务为主，勉强维持生存；剩下三分之一基本上是有名无实，既无信息功能，更谈不上协调会员间的集体行动，基本上不起多大作用，大都难以真正成为会员企业的利益代表，面临着停止运转或随时解散的危机。

三是专业化程度不高，主要表现在：行业协会的工作人员普遍素质偏低，专职人员少，兼职人员多，无暇顾及行业发展；复合型人才和熟悉行业情况、有专业知识的专业人员少，人员结构不合理，这些情况使得一些行业协会对行业基本情况和基础数据掌握不全，缺乏对全局性、战略性、方向性、创新性的研究和思考，很难有效地开展工作，更谈不上站在行业前沿，研究、指导和服务于行业协会的发展，服务会员的质量和水平均有待提高。[1]

---

[1] 熊花、邵长勇：《浅议中国种业协（商）会发展之路》，《中国种业》，2005 年第 4 期。

第五章 构建政府与行业协会之间互信关系的可行性理论分析

尽管政府与行业协会之间的信任现状不尽如人意，但不可否认，行业协会这一契约制度的出现的确能够降低政府的交易成本，给政府带来长期的成本收益，进而促使政府不得不产生建立和维护自身信用形象的动机。那么，作为在社会信任建设中起主导作用的政府，如何才能重塑自身信用，维持其与行业协会的相互信任关系？实践证明，任何一项重要目标的实现不能仅仅依靠现实的呼唤，而首先应付诸于一定的理论支撑，在相应的理论指导下寻找实践和改革的举措。笔者认为，在政府与行业协会的互信关系建设中，博弈理论、委托代理理论、社会资本理论以及制度创新理论对其有很大的影响和启示。

一、基于重复博弈与信任机制产生的理论分析

经济学认为，信任和人的基本动机一样，首先是一种基于利益需要而做出的策略选择，是人们在重复博弈、反复切磋过程中谋求长期、稳定物质利益的一种手段，其中最具代表性的理论就是博弈论。“囚徒困境”为我们理解信誉机制发生作用的条件提供了一把绝好的钥匙，让我们来简单分析一下重复博弈创造的信任机制。

假定政府 A 和行业协会 B 互为博弈对手，则会出现以下 4 种博弈的可能性：

A / B	欺骗	信任
欺骗	0，0	15，-10
信任	-10，15	10，10

① 双方都信任对方，履行契约，每人得到的效用都是10；

② A信任而B欺骗，那么B可以获得自己的最大利益，得15，而A吃亏了，得-10；

③ A欺骗而B信任，则A的利益实现了最大化，得15，而B吃亏，得-10；

④ A和B互不信任，也互不守信，各自的效用都为0。

如果政府和行业协会是初次博弈，面临上述可能性该如何选择，这就是所谓的“囚徒困境”。按照亚当·斯密的理论，每一个人都是从利己目的出发的，为了追求自身利益最大化，A、B双方都希望对方讲诚信，而自己不愿意讲诚信，这样才有机会实现最大利益，而讲诚信的人则很有可能吃亏。于是，他们的最优决策组合就是第④种博弈结果，即都选择违约。这是一个非常糟糕的结果，双方本该得益最大化的守约行为却变为了同时违约带来的获益降低。分析产生的原因，我们可以看到，A、B选择同时违约是在一次性博弈的环境下进行的，在一次性博弈中，由于交易的任何一方都没有信守承诺的激励，所以这种自我履约形式不可能出现，信任风险正是在这种一次性博弈中产生了。

解决上述问题的一个办法就是法律，即事前先签订一个合同，根据合同的约定和效力来促使签约双方履行合约。然而在发展中国家和转型国家，法律有时不存在，即便存在，它们的运行成本也过高，[1] 所以往往也很难实现相互信任。

那么，如何才能真正走出博弈困境呢？博弈理论认为，改变竞争规则是赢取博弈的根本出路。通过重复博弈对信用建设做出合理的制度安排规

[1] 翟鸿祥：《行业协会发展理论与实践》，北京：经济科学出版社，2003年，第68页。

范博弈双方行为，可以使理性经济人降低交易成本、合理配置社会资源。即使正式的合同（法律）不可行，如果双方有机会长期博弈也即是重复博弈，合作仍然可以通过信任机制来实现。

为了证明这一点，让我们假定，在每一次博弈结束前，双方都预期有 N 的可能性有下一次交易的机会，并且每次博弈的结果相同。如果我们先考虑行业协会的战略：行业协会首先选择信任政府；如果政府不滥用行业协会的信任，行业协会将继续信任；一旦政府滥用了行业协会的信任，行业协会将永远不再信任。

此时，政府应该如何行为呢？如果政府选择欺骗，它得到本期收入 10 个单位，以后每期的收入为 0，所以总期望（贴现）收入为 10 个单位。如果政府选择不欺骗，它得到本期收入 5 个单位，有 N 的概率在下期得到 5 个单位的收入，有 N^2 的概率在下下期得到 5 个单位的收入，如此等等，总的期望（贴现）收入为：

$$5+5N+5N^2+5N^3+\cdots\approx\frac{5}{1-N}$$

因此，只要 $\frac{5}{1-N}\geqslant 10$，即 $N\geqslant 0.5$，不欺骗就是政府的最优选择。假定交易继续的概率 $N\geqslant 0.5$，B 的战略就确实是最优的，合作关系就可以建立。这就是重复博弈创造的信任机制。[1]

重复博弈使得博弈双方在更大程度上了解了对方信息，使得更多的私人信息变为博弈双方的公共信息，并使“以牙还牙”式的报复得以实现，所以，当事人为了合作带来的长远利益，愿意抵挡欺骗带来的一次性眼前好处的诱惑，这即是信任机制产生的核心。

而从现实来看，我们也可以这样理解，如果政府与行业协会做的是一次性交易，违约绝对是它们双方的最佳选择。但现实的环境决定了它们必然是一种长期的合作伙伴关系，这样一方面他们有足够的时间来对失信行为进行以牙还牙式的报复，使失约方明白博弈中失信行为最多只能占一次

---

[1] 张维迎：《信息、信任与法律》，上海：三联书店，2003 年，第 37 页。

便宜，而且这一便宜要以长期损失为代价。一般而言，只要失信行为的短期利益小于长期利益的话，作为理性经济人的双方是不会做这种决策的。另一方面他们也有着相当长的时间来表达自己的诚意，树立自己的声誉，减少道德风险，降低交易成本，从而以较低的边际成本获得较高的边际收益，因而以彼此间的信任为基础进行的重复博弈所形成的合作关系终究会维持下去。

二、基于双重委托代理关系下信任机制的产生

在信息经济学文献中，委托代理关系泛指任何一种涉及非对称信息下的交易。即在交易过程中，拥有信息优势的一方被称为代理人（agent）而处于信息劣势的一方则称为委托人（principal）。事实上，只要存有交易性质的活动空间，信息不对称问题都会不同程度地存在，也就是说，只要存有交易性质的组织，其代理问题就会存在。[1] 在笔者看来，在政府与行业协会之间，存在着包括政治委托代理和经济委托代理的双重委托代理关系。

政治委托代理关系正如政治学家们所分析的且为大家习惯性认为的那样，是公众与政府之间以行政权为中心的委托代理关系：即公众将行政权委托给政府行使，同时期望获得能维持其利益的政府产品，这实际上构成了政府的义务或职责，如维护和平与安全、保护产权、制定法律规范、提供公共设施和公共工程等。政府代理公众行使行政权，并通过履行职责获得相应的利益：政府作为一个组织通过履行其职责得以继续存在和发展；政府官员作为真正的利益主体，获得工资、地位、荣誉及其他利益。[2] 在政治委托代理关系中，公众（当然也包括其中的特殊群体行业协会）是委托人，政府是代理人。

---

[1] 孙学玉著：《企业型政府论》，北京：社会科学文献出版社，2005 年，第 81 页。

[2] 转引自张旭霞：《现代政府信用及其建构的对策性分析》，《南京社会科学》，2002 年，第 11 期，第 60 页。

而在经济学家们看来，信用最初反映的是人与人之间以经济利益为基础的关系。委托代理问题存在于一切组织中，并能够成为社会、经济、政治生活的一个根本特征，其原因就在于这些组织中存在着不同种类和数量的信息，存在着信息不完备、不对称的现象。只要存在信息不对称的场合，就容易产生委托代理问题。政府机构的权力来自于人民的委托，代表人民的意志管理国家事物，管理国有资产，并接受其委托人——广大人民的监督，因而信用的有与无，实际上主要是经济主体（指在市场经济中自主经营、自负盈亏的企业、投资者和消费者等）与政府机构、国有企业代理人与委托人（政府机构）、政府机构与政府行为监督者之间的为各自利益而相互博弈的结果。而作为经济实体的行业协会与政府之间也存在着委托代理关系。在这种经济委托代理关系中，政府通过授权或权力转移、下放等方式，将手中的一部分经济权力委托给国有企业或者以国有企业为主导的行业协会来完成，积极履行出资人的职责，实现政企分开。

在这里，政府成为了委托人，行业协会又成为了代理人，政府通过职能转变的方式，将手中的一部分职能包括行业统计、资质审核、价格协调、质量标准认定、技术鉴定、产品推优、许可证发放以及组织职业培训等委托给行业协会来代理和实现。“从世界各国的经验来看，政府可以委托行业协会办理公共事务，这样可以鼓励行业协会参与公共管理，同样亦可以减轻政府的负担。”[1] 按照契约理论的分析，无论是哪种委托代理关系，只要存在，就必然包括信任与信用的内容。这是因为：

（1）委托—代理关系的成立首先基于委托人对代理人的信任，即对代理人信用的评价以及维持和增进信用的期待。作为委托人的公众为维持和增进自身的利益而将行政权委托给作为代理人的政府，这种委托主要基于两种因素：一是基于对代理人诚意的依赖，确认其具有对行政权实施“良性运营”的诚意和责任感；二是基于对代理人能力的信任，确定其具有足以胜任行政运营的能力，能够有效履行委托人赋予的代理义务。同样，作

---

[1] 张霞、张智河、李恒光主编：《非营利政治管理》，济南：山东人民出版社 2004 年，第 78 页。

为委托人的政府，也是基于对代理人（行业协会）的诚意和能力的信任才会产生委托代理关系，进而将一部分行政职能委托于行业协会来完成。

（2）委托—代理关系的存续还以代理人能否依据委托人的意愿和期待对转让的权力进行良性运营为条件，即以委托人是否继续信任代理人为条件。如果代理人讲求信用，以委托人的意思为使命，忠实且成功履行委托—代理契约，获得委托人的持续信任，那么委托—代理关系就能够继续存在和发展，[1] 政府与行业协会具有互为委托代理的双重身份。因此，不管是从哪种角度来看待政府与行业协会的委托代理关系，我们都可以得出一个共同的结论：政府与行业协会之间存在相互信任的理论基础，信任机制在政府与行业协会之间的相互（双重）委托代理关系中应然产生。

三、社会资本理论对二者信任关系的影响

从社会资本理论的角度看，政府与行业协会之间应该建立相互信任的关系。

近年来，信任作为社会资本的核心因素之一得到了学术界的普遍关注。信任是社会资本的重要组成部分，在社会资本中具有极为突出的地位和作用。比较系统的社会资本概念和社会资本理论是由美国著名的社会科学家科尔曼（Coleman）提出的。他分析到，由于某些行动者的利益部分或全部地处于其他行动者的控制之下，行动者为了实现各自的利益，相互进行各种交换，甚至单方转让对资源的控制，其结果就形成了持续存在的社会关系。这种持久存在的社会关系，不仅是社会结构的组成部分，同时是一种个人资源，这就是社会资本。简单地说，社会资本就是社会成员的交际能力及其形成的社会关系，社会关系的成员之间表现出诚实和信任，使其能够在政治、经济、文化等领域取得成功。

---

[1] 转引自张旭霞：《现代政府信用及其建构的对策性分析》，《南京社会科学》，2002 年，第 11 期，第 61 页。

随后，社会学家帕特南（Putnam）将社会资本的定义进一步扩展到社会组织和社会结构中，认为“社会资本是普通公民的民间参与网络，以及体现在这种约定中的互惠和信任的规范”[1]。他指出，信任最容易产生于水平联结及自愿形成的组织中，而且这种组织比垂直联结的组织更具生产力，因为水平形式提供了一个可以讨论的基础。自愿性组织可以透过所产生的社会资本来促进公民承诺和一般化的社会信任，进一步可使人们形成自愿参与组织的动机及对一般人的信任，从而成为“信任循环”。

社会资本所强调的信任，对于互动双方来说实质上就是相互信任。在社会资本理论中，就政府的作用而言，存在两种思路：一种认为国家主导的社会资本对经济的影响是微不足道的，相反有时对经济会带来灾难性的后果，社会资本只能在非政府领域内产生，政府支持的活动与社会资本之间是一种零和博弈，政府行为可以破坏却不能创造社会资本。另一种则认为国家与社会是一种正和博弈。两者争论的焦点是社会资本能否通过政府政策来构建。

事实上，社会资本需要正式的国家制度去培养与呵护，政府与社会自发团体是一种共生的、协同的关系，公民参与巩固国家制度，有效的国家制度为公民参与提供更有利的环境，公共机构的参与推动了普通公民的信任规范和网络的稳定与发展，促进这些规范和网络运用于发展目标。政府失灵的存在需要普遍信任的社会资本来促进政府的效率，客观上需要群体的社会网络来弥补市场失灵和政府失灵，支持现代经济发展，所以发展中国家的经济体系应该包括社群在内的国家、市场和社区三者有机结合的经济发展机制。[2] 而政府作为社会的管理者，不仅要通过公共政策使社会成员之间积累社会资本，而且其本身也要通过行政改革和行政发展与社会建立良好的互动关系，以生成雄厚的社会资本，增强自身的合法性，提高行

---

[1] ［美］罗伯特·D. 帕特南：《使民主运转起来》（中译本序），南昌：江西人民出版社，2001 年，第 1 页。

[2] 张克中、郭熙保：《社会资本与经济发展：理论与展望》，《当代财经》，2004 年第 9 期，第 6 页。

政效率。

正如艾里克·M. 乌斯拉纳在他的《民主与社会资本》中说的那样："那些具有坚定的积极价值（包括信任他人）和使人们彼此联结在一起的关系的社区将具有更有效的普遍互惠和合作规范。"[1] 同时，他还论证了信任与经济发展的关系，指出由信任产生的互惠对于生存和繁荣是不可缺少的。因此，政府与行业协会之间应该相互信任，以共同促进贸易和生产力的发展，实现经济的更大繁荣。

四、制度创新理论

所谓制度就是人类相互交往过程中为维护以信任为目标的社会秩序而禁止不可预见行为和机会主义行为的规则。[2] 在西方经济学中，最早提出"创新"概念的是约瑟夫·熊彼特，在他看来，所谓创新就是建立一种新的生产函数，把一种从未有过的生产要素和生产条件的新组合引入到生产体系中，这种新组合包括引入新产品、新技术，开辟新市场，实现新组织等。真正系统提出制度创新理论的是新制度经济学家道格拉斯·诺斯、罗伯特·托马斯等，他们认为，一项有效率的制度安排应随着社会经济环境的变化而不断创新和变化，制度创新的实质就是社会用一种效率更高的制度安排取代原有的缺乏效率的制度安排的生产过程，是制度主体解决制度短缺，从而扩大制度供给以获得潜在收益的行为。他们还从需求和供给的角度对制度创新的动力进行了分析，指出当现存制度下的成本和收益之比不能令人满意时，一项新的制度安排就会出现，只有在制度创新的预期收益大于预期成本时，制度创新活动才会发生，并且认为一种能够提供适当个人刺激的有效制度是使经济增长的决定性因素。

与此同时，该理论不仅认为经济增长的关键因素在于制度，而且认识

[1] ［美］马克·E. 沃伦编，吴辉译：《民主与信任》，北京：华夏出版社，2004 年，第 113 页。

[2] 傅殷才：《制度经济学派》，武汉：武汉出版社，1995 年，第 27 页。

到新制定的制度能够改造社会成员的生活方式以产生更大的信任和可信性，使人们更倾向于给予和实现信任。一旦有利于信任的条件、结构或者制度被建立起来，它将作为通向信任的持续重建的第一推动力。著名经济学家张五常曾经说过，制度本身能够“增进秩序，鼓励信任”。对于制度创新的主体，新制度经济学家们认为，制度创新的主体有国家（政府）、团体、个人三个层次，其中政府处于核心地位，它是制度的最大提供者，所以，社会普遍诚信等良好社会风尚的形成，不仅需要提倡，而且更要通过制度设计和政府的积极作为来实现。

总之，制度是建立政府信用的途径，政府信用的建立必须基于一定的制度基础。随着我国行业协会的不断涌现，如何维持行业协会这一契约制度的生存，促进其在市场经济条件下蓬勃发展，从而最大限度地发挥“第三部门”的作用，是目前政府在对工商业界做出可信承诺后需要一直解决的一个重要问题。

第六章　构建政府与行业协会之间互信关系的对策建议

一、重复博弈理论给我们的启示

中国本土企业的壮大，企业家精神的发扬，将进一步促进中国经济的发展，而政府的良好信用是这一切的前提。特别是我国加入 WTO 后，对行业协会的需求变得更加迫切，因而，重建政府信用在这一制度的转轨过程中具有深远的意义。根据经济博弈理论，重复博弈是走出信用建设悖论的必由之路，那么，我们可以从“重复博弈”的信任机制中得到如下一些启示。

（一）保护行业协会的产权，保证政府行为的长期化

产权是以财产所有权为主体的一系列财产权利的总和，包括占有、使用、收益和处分的权利。新制度经济学理论认为产权是一种合约，产权制度的基本功能就是给人们提供一个追求长期利益的稳定预期和重复博弈的规则。信任的基础是产权，信任关系实质是一种产权关系，“无恒产者无恒心”，当产权界定不清晰、产权保护不力时，人们就不可能对交易形成稳定的可以把握的预期，从而导致交易双方短期行为和机会主义倾向；而产权清晰和保障有力则会使一次性博弈行为转变为重复博弈，保障交易双方行为的长期性。因此，政府首先必须从法律的角度确保行业协会的产权得到有力的保护。如果行业协会最基本的财产权都得不到有效保证，很难

希望他们有创业的精神，产生信任的积极性。其次，要求政府行为长期化。受到“国家代表公允”的认同模式的影响，政府的态度常常会左右社会的态度，如果政府在对行业协会的相关政策上不能保持稳定性，朝令夕改，将很难使公众对行业协会产生稳定的预期和信任，从本质上也是对行业协会产权的破坏。所以政府在引导和调节行业协会的市场运作时要努力扶持行业协会政策的稳定性和持续性，只有长期存在的理性经济的行业协会，才可能有二者之间永不间断的重复博弈，政府也才能持续得到行业协会和工商业领域企业的支持。

（二）建立和公开政府信用信息资料库

信任机制产生的条件之一就是当事人的不诚信行为能被及时观察到，也就是说交易双方的信息能够传递得足够快，一般情况下，信息观察越滞后，信任的建立就越困难。大量私人信息的存在和信息的不对称，是“囚徒困境”产生的基本前提。特别地，由于政府机构的特殊性，往往成为信息拥有的优势者，造成信息垄断，使行业协会对政府的制衡不能有效发挥，同时政府也失去了产生自觉信用的动力。“公开是解决社会和经济问题的良药”，所以，政府必须采取措施让博弈双方特别是处于信息相对弱势的行业协会拥有政府更多的公共信息，建立并公开政府信用信息资料库，这样既能使博弈方（政府）更好地树立自己的声誉，又能使博弈的另一方（行业协会）更好地了解自己，使重复博弈在合作的基础上进行得更久。为了达到这个目的，一个有效率的媒体政策必须被设计出来并贯彻实施。正如人们常说，阳光是最佳的防腐剂。必须发展多元化的、独立的媒体和搜集统计数据的自治性机构，并变成制度，成为政府信用信息资料库的一个重要来源和检索渠道。

（三）确保行业协会参与对政府失信行为的监督和惩罚

在政府对非营利组织的态度上，早在1992年，联合国里约热内卢环境与发展大会通过的《21世纪议程》要求，各国政府与非营利组织要建立起有效的对话机制，以便在可持续发展过程中充分发挥各自独特的作用。各国政府应欢迎非营利组织对可持续发展中的表现进行监督和评估。[1] 监督的持久性将减少被信任的政府官员面临的各种诱惑。同时，信任机制产生的另外一个条件就是双方能够在重复博弈中对对方的欺骗和失信行为进行惩罚。所以，对交易中失信行为的监督惩罚是信用建设极为关键的部分。“以牙还牙，以眼还眼”式的报复不仅不是不道德的行为，而且是维持信任制度的必不可少的手段。

相对于政府来说，行业协会通常处于一种弱势状态，很难通过自身对政府的失信行为做出相应的惩罚，但是当行业协会的正当权益受到政府机关的侵害时，我们需要开辟渠道使行业协会能对政府的侵权失信行为进行正当的反抗和申诉，维护自身的权益。因此，如何保证行业协会在受到政府机关侵害的情况下获得及时有效的救济，成为目前法制建设中一项重要的任务。

2000 年 1 月深圳市实施的《深圳经济特区行业协会条例》曾在这方面做出了一定的尝试。该条例第 55 条规定：“对符合法定条件的行业协会设立申请，市政府业务主管部门不予批准，或者社团登记管理部门不予登记的，当事人可依法申请复议或者提起行政诉讼。”上述规定仅仅提到了行业协会成立时的情况，并未全面地指出行业协会成立后其他环节如行业协会内部领导人的产生、行业协会内部决策等遭到政府机关侵权情况下的救济途径，但毕竟为行业协会救济问题的解决提供了一条新的思路。[2]

以上是单从重复博弈理论中得出的一些重要启示，除此以外，我们还可以在上述所有理论的指导下，分别从政府和行业协会两个层面，对加强和改善政府与行业协会之间的互信关系做出更多的思考和探索。

---

[1] 赵黎青：《非政府组织与可持续发展》，北京：经济科学出版社，1998 年，第 119 页。
[2] 黎军：《行业协会的行政法问题研究》，北京：北京大学出版社，2002 年，第 97 页。

二、政府在履行“保护工商业”的承诺重塑信用上的思考

信任的实质在于“互惠和良好的行为表现”[1]，因此，在政府与行业协会之间树立信任关系，其实质和内在规律在于，创造条件和实施良好的行动，实现二者的双赢。制度创新离不开社会发展的影响，但由于社会力量比较弱小，在更大程度上要依赖于政府的引导、支持和推动。在我国，由于所有信任形成的制度环境都牢牢掌握在政府手中，所以关于行业协会这一创新制度的发展需要政府发挥主导作用，只有对行业协会给予必要的支持和培育，切实履行“保护工商业”的承诺，才能维护自身面向工商业界的良好信用形象，得到行业协会及整个行业企业的支持。

（一）转变观念，增强对行业协会的信任

信任是重要的，被信任也同样重要。“信任的寄予允许一个这样的行动，对于被信任者来说，如果没有信任的寄予，这种行动是不可能的。”[2]而同时，被授予信任的政府也由此获得了“信任的信用”。信任使被信任者负有责任，“给予信任恰恰可以创造出信任的逻辑前提”，从被信任中形成的道义力量能够使信任成为一种自我实现的预期。[3] 信任是相互的，政府委托行业协会代理相关政府职能，也就意味着同时授予了对它的信任，这对于行业协会这一代理人来说将会是一项重要的资源。长期以来，由于计划经济体制下国家强大的主导模式和刚性体制的特征，我国行业协会向来受到政府的严格管制，这是以社会控制为主要治理目标的一种安全策略，而这一点显然已影响到行业协会的发育、策略建构以及它们与政府关

---

[1] ［波兰］彼得·什托姆普卡著，程胜利译：《信任——一种社会学理论》，中华书局 2005 年，第 70 页。

[2] 同上，第 140 页。

[3] ［美］马克·E. 沃伦编，吴辉译：《民主与信任》，华夏出版社，2004 年，第 47 页。

系模式的建立。[1]

这些年来，随着政府部分职能向行业协会的逐步转移以及行业协会在社会经济生活中作用的不断增强，政府对行业协会的态度开始由不信任向信任转化。像所有信任的信用一样，它可能产生报答并提高对政府的信任。事实上，在社会学家们看来，“信任能释放和调动人的能动性，释放对他人创造的、不受抑制的、革新的、企业家式的积极精神”。我们与他人越坦诚，与他人交往就越容易，并越能维持持久的关系。[2] 在有些情形中，可能也有额外的好处：我们的信任可能被报之以相互的信任，因此政府将享受被信任的各种利益。从国内外发展的实践经验来看，各类行业协会的兴起与发展，在促进社会生产力的发展和降低政府管理成本等方面都发挥着越来越大的作用。

（二）加快政府职能转变的步伐，正确处理政府与行业协会之间的关系

在行业协会对政府产生政治信任感的过程中，与之相对立的一种情况也不得不引起我们的重视，即政治疏离感。政治疏离感是指社会成员认为无法从政治活动中得到自我满足，从而对政府产生疏远感。政治疏离感的程度可从反面衡量政府信任关系的好坏。[3] 政府职能转变缓慢，对微观经济主体的利益诉求没有灵敏的反应，失去经济属性的政府面临的将会是生存危机。如果行业协会无法从政府的改变行为或宣布改变但仍未行动的活动中得到满足，就将会对政府失去信任。信任促进信任，不信任产生不信任，不信任转变成信任比信任转变成不信任更困难，这是一个可怕的信任危机循环。而一旦这种不信任沉淀、累积、根植于文化和规范系统之中时，想要试图重新唤起公众心目中对政府和规范系统的信任将更加困难，

---

[1] 熊跃根：《转型经济国家中的“第三部门”发展：对中国现实的解释》，《社会学研究》2001 年，第 1 期。

[2] ［波兰］彼得·什托姆普卡著，程胜利译：《信任——一种社会学理论》，中华书局 2005 年，第 137 页。

[3] 同上，第 181 页。

因此，政府必须加快职能转变的步伐。

结合我国实际情况，具体来说，一是要放松管制；二是降低市场准入机制，降低行业协会的准入壁垒，制定团体活动的公共规则，健全行业协会法律法规；三是实行宏观上的扶持政策，帮助行业协会提高治理能力。

1. 放松政府管制

政府管制是一种制度安排。一味地依赖政府管制，忽视其对信用造成的影响，将会产生更严重的信用问题。张维迎教授曾在他的论著《产权、政府与信誉》中用了两条曲线来刻画和阐述管制与信用的关系。他指出，作为管制的需求曲线是向下倾斜的，为了维持正常的市场交易秩序（信任），如果企业或经济团体不讲信用，那么基于信用的信任就不存在，市场要运行的话，就只能依靠基于管制的信任，随着企业或经济团体信用的提高，对管制的需求就相应减少，当信用高过一个点后，管制就不再必要，市场就可以自行正常运转。因此，需求曲线是向下的单调递减函数。而另一条曲线是称为信用的供给曲线，它反映信用怎样随着管制的变化而变化。一开始，随着政府监管的增加，企业讲信用的程度也相应地增加，但是作为管制的“需求曲线”和作为信用的“供给曲线”有一个交点，当超过坐标系中的这个交点后，政府再扩大管制的范围和力度，企业又开始慢慢不讲信用了，管制越多，企业讲信用的积极性越小，所以供给曲线是先上升后下降的，因此必须在管制与自治之间找到一个合理的均衡点。

就目前我国的现实情况来看，在对待行业协会的问题上，政府应解除管制，协助管理，通过行业协会来整合资源，这样可以节约政府运作的成本。在现实生活中，我们也可以找到成功的例子。以温州为例，温州的行业协会发展速度和活跃程度均居于全国前列，其中政府的角色定位就在很大程度上推动了行业协会的发展，而角色定位的特点之一就是管理宽松。温州的市场经济最初基本是自由放任式的，政府管得少，政策宽松，使得民间自发的行业协会得以大量形成和发展，这虽与温州长期以来的自治传统和政府能力较弱有关，但客观上却让我们体验到了政府放松管制的好处，这种互惠和良好的行为表现也更进一步地增进了双方的相互信任。

从2004年7月1日开始，我国实施了新的《行政许可法》，其实质就是对制约政府权力，放松和规范政府对企业和社会的管制做出的主动改革。近年来，国家高度重视行业协会独立性的培育，出台了一系列相关政策推进行业协会的发展。2007年，国务院办公厅出台《关于加快推进行业协会商会改革和发展的若干意见》，明确提出坚持政社分开，理顺行业协会与政府关系，明确界定行业协会职能，改进和规范行业协会管理方式，从国家层面拉开了行业协会与行政机关脱钩的序幕。

2012年，党的十八大进一步提出要求，加快形成政社分开、权责明确、依法自治的现代社会组织体系。2013年，第十二届全国人大批准了《国务院机构改革和职能转变方案》，明确行业协会商会类、科技类、公益慈善类、城乡社区服务类等四类社会组织直接向民政部门依法申请登记，不再需要业务主管单位审查同意，解决了我国长期以来行业协会双重管理体制面临的诸多问题。

2015年中共中央办公厅、国务院办公厅印发《行业协会商会与行政机关脱钩总体方案》，标志着行业协会脱钩工作正式进入轨道并快速推进。这些举措，有力地推进了政府的管理创新和职能转变，同时也为一批新的行业协会的诞生以及对已有行业组织拓展新的空间营造了宽松的行政环境。目前我国有些行业协会已经代替政府承担部分行政管理和行政审批的职能，这正是我国政府在履行“保护工商业”的信用承诺方面迈出的重要一步。

2. 降低行业协会的准入壁垒，制定团体活动的公共规则，健全行业协会法律法规

以双重管理体制为特征的中国现行的对行业协会进行监督管理的法规政策，堵住了民间行业协会进行登记注册的合法通道，限制了行业协会的发展。[1] 双重管理体制导致的直接后果是行业协会成了某些既得利益集团

---

[1] 蔡磊著、李昌麒主编：《非营利组织基本法律制度研究》，厦门：厦门大学出版社，2005年，第89页。

的代表而不是作为整个行业的代表，这违背了行业协会的宗旨，也与市场经济自由竞争的原则相违背。所以，必须取消行业协会的进入壁垒，让各个企业的呼声都可以通过行业协会得以体现，这样就会在很大程度上提高中小企业参与的积极性，充分享受由于行业协会带来的规模经济和外部性效应。只有广大企业的市场参与意识真正加强了，才能真正自下而上地形成代表企业民意的草根行业协会。而且，由于政府放宽了行业协会的进入壁垒，行业协会之间的相互竞争也将形成一种良性的社会监督机制和加强自身能力建设的外界压力，促进形成能够经受市场竞争风吹浪打的重量级的行业协会，与此同时，也会有助于增进行业协会对政府的信任。

在降低行业协会的准入壁垒后，政府的工作则主要是制定团体活动的公共规则或原则，即在社会需求较大的地方，允许成立相同或相似的社会团体，以促进组织竞争，提高服务质量。同时，突破“社会团体不能设立地域性分支机构”的限制，允许具有一定实力的行业协会设立分支机构或建立跨地域的组织，让不同经济实力、不同所有制甚至是不同国别的企业的不同利益都能够在行业协会之中得到直接的体现，即从政策制定和实施之中真正采取鼓励中小企业加入行业协会的积极态度，以整合国内行业协会的力量，发挥规模效应。[1]

目前，国家层面对行业协会的管理主要依据《社会团体登记管理条例》，并于2016年对其进行了重新修订，主要对行业协会的登记以及分支机构的设立、注销的审批等方面进行了更改，从中我们可以看到，当前我国政府正致力于建设一个关于社会团体登记管理的较为完善的法律政策体系，这种努力的积极方面是值得肯定的。但修订后的《社会团体登记管理条例》仍然存在较大的调整空间，如对于学界普遍比较关心的行业协会双重管理、一地多会、一业多会等问题都没有做出实质性的改变，对社会组织分类标准和四类社会组织（行业协会商会类、科技类、公益慈善类、城

[1] 蔡磊著、李昌麒主编：《非营利组织基本法律制度研究》，厦门：厦门大学出版社，2005年，第201页。

乡社区服务类社会组织）直接登记也没有予以制度化的说明[1]。

除《社会团体登记管理条例》以外，我国政府还没能建立一个综合的、主要用于促进行业协会发展并规范其行为的积极开放的法律制度，仅仅依赖《社会团体登记管理条例》并不能形成对后脱钩时代行业协会的规范化管理。尽管社会各界对行业协会的立法呼吁由来已久，十一届和十二届全国人大都曾将“行业协会商会法”列为立法规划项目，但目前仍然处于立法论证阶段。因此，必须加快行业协会商会法的建设，改变我国行业协会无法可依、职能不明确、法律权责不清的现状，推动行业协会规范发展。

3. 实行宏观上的扶持政策，帮助行业协会提高治理能力

在西方，政府改革已经与协会自治组织的发展形成了一种彼此互动的局面：政府改革是协会自治组织发展的重要历史条件，协会自治组织则成为政府改革的结果和重要的推动力量。政府作为信用建设的主导力量，首先应充分尊重行业协会的民间性、自律性。一方面，放手鼓励和发展一批自下而上组建的新型协会；另一方面，对于带有官办色彩的行业协会，应结合政府机构改革，主动在职能、人事关系等方面与行业协会实现分离。

在行业协会脱钩背景下，考虑到许多政府创办的行业协会依靠行政系统开展工作的意识还没有完全转变，内部制度不够完善、机制不够健全，自身履行职能和生产发展的能力比较弱，因此在脱钩之后可能会出现“行离而神不离”的情况，或成为“断奶的羔羊”无法独立正常运转。因此，政府在一个时期内除可以考虑向行业协会提供一定的资金扶持或相关人员的安置保障以及办公场所设施等方面的需求外，还应将工作重点放在对行业协会内部建设的指导上，帮助行业协会建立健全民主议事、决策的制度和机制，[2] 使其能够为企业发展提供服务，代表行业向政府反映问题和意

---

[1] 周颖：《行业协会与行政机关脱钩背景下地方性行业协会面临的挑战研究》，南京师范大学硕士学位论文，2017 年，第 55 页。

[2] 张霞、张智河、李恒光主编：《非营利组织管理》，济南：山东人民出版社，2004 年，第 56 页。

见，并协助政府落实行业发展的方针政策，从而提高行业协会的治理能力，促进行业协会良性健康发展。

在这方面，联合国和一些西方国家的做法给我们提供了有益的借鉴。在联合国和多数发达国家，都设有专门的机构来处理同民间行业协会的关系，政府同行业协会组织之间正在形成较为稳定的制度化的合作伙伴关系，共同致力于社会经济发展活动，这是制度化管理的一个具体体现。

（三）政府应加强与行业协会的沟通和交流

1. 建立政府与行业协会的联络机构

一种平等交换的规范有助于关系主体之间的互信。普特纳认为要发展这样一种规范，必须透过双方之间不断的交往。就如同对囚徒困境的批评一样，如果双方能够多沟通，就会减少一次性博弈中的机会主义，唤起一些互相信任的意识。加强政府与行业协会的沟通交流机制，能缓解代理人和委托人因信息不对称而易产生的信任危机。当然，政府要增强对行业协会的信任显然不是一朝一夕的事，这需要政府加强对行业协会的了解和沟通。信任源于理解，信任又高于理解。特德指出，政府官员比历史上任何时候都需要更好地学习如何与公众和外部机构进行沟通。当政府官员提供公共服务时，经常需要公关和沟通技巧。实现这个目的的最好方法就是把政治领导者、官僚机构和行业协会目前的沟通渠道正式化，建立政府与行业协会的联络机构，这样沟通可以持续不断地进行，政府和行业协会之间的信任感也会得到提高。[1]

2. 对政府公务员进行相关的培训和教育

要加强政府与行业协会之间的信任，有必要对政府公务员进行相关培训与教育。因为，“掌握行政权力的人往往只强调自上而下的控制，而不

---

[1] 参见［美］卡罗·安·特德：《政府与非政府组织之间的关系：可能性与风险》，《国家行政学院学报》，2000年，第5期。

允许也不习惯让公民运用自己的权利自下而上地与政府互动”[1]。在传统的教育项目里，缺乏对政府公务员与社会组织进行合作方面的培训。而现在，“在政府面临许多挑战和不断批评的时候，如果政府想赢得公民的尊敬与信任，那么公共官员的技能需要得到大幅度的提高。以往的公共官员掌握特殊技能（如工程、金融等），了解法律、政府结构和程序的知识就够了，但现在却需要有谈判、解决冲突和讨价还价的技能。”[2]“对所有具有高度社会可见性的职位进行大量的培训、小心谨慎的审查、高度选择性的招募——首先包括所有的政治官员——是普遍的、机构的和职位的信任的先决条件。”所以，必须通过多种渠道对公务员进行广泛的培训和教育，比如在MPA的培训中应增加政府公务员沟通、礼仪等相关课程的学习。

3. 政府应主动与行业协会进行沟通与合作

在政府部门与行业协会的沟通、合作中，政府作为行业协会的管理者和服务者，是国家公共权力的执掌者，它因掌握巨大的资源而处于强势地位，所以掌握着与行业协会沟通、合作与交流的主导权。它不仅可以决定是否对行业协会的行为做出回应，而且可以决定以哪一种方式与行业协会进行沟通、合作与交流。在这种情况下，政府既要充分认识到行业协会作为被管理者的社会组织所面临的种种限制，又要充分认识到自己作为行业协会服务者应负有的义务。行业协会给企业、社会和政府带来了各种收益，政府就有义务保护和支持它们。[3]况且，沃伦认为，通过交流和沟通，能够达到政策协商的目的。协商是最适宜开发信任的有效形式之一。如果政府对行业协会是支持的，积极与行业协会进行合作，这不仅有利于行业协会的发展，而且有利于增强行业协会对政府的信任，树立起政府良好的

[1] 李景鹏：《关于行政权力的自律与他律》，《新视野》，2002年，第1期。

[2] ［美］卡罗·安·特德：《政府与非政府组织之间的关系：可能性与风险》，《国家行政学院学报》，2000年，第5期。

[3] 李珍刚：《当代中国政府与非营利组织互动关系研究》，北京：中国社会科学出版社，2004年，第189页。

信用形象。[1]

三、行业协会的参与性自律是互信关系得以维护和延续的必要条件

互信关系的延续，需要信任双方共同维护。政府与行业协会基于互信基础上的共治，必须具备三个特征：第一，彼此保持平衡关系，任何一元的偏重或弱势都会抵消合作的有效性；第二，双方要明确自身的行为边界和职能界限，做好各自分内的事情；第三，相互信任，建立起双方的普遍认同感和信任度。因此，虽然政府掌握了所有信任形成的制度环境，在信任关系的构建中占据主导地位，但是，作为信任关系的相对方，行业协会也应该积极配合，主动参与到信任关系的构建和维护中来。

（一）行业协会通过有效参与政府管理获得政府的信任与支持

在行业管理上，行业协会和政府主管部门采取的方式有着本质的区别。作为行业协会来说，要立足于本行业利益，组织行业企业在国家法律政策允许的范围内，制定和遵守行业标准和行为准则，并代表全行业向政府反映问题、提出建议。政府则需要从国家和地区的发展全局出发，综合运用经济、法律和行政等手段，对行业发展的方向、结构、速度进行宏观调控。政府和行业协会都要搞行业规划，但所处的位置和发挥的作用有所不同。对行业规划的确立，政府可以委托行业协会开展调查、研究和论证，形成规划草案，并在研究、制订和修改过程中，充分征求和尊重行业协会的意见，政府则拥有规划草案的最终决策权，在行业规划出台以后，行业协会应向行业企业主动提供各种服务，对其调整和确立自身的发展计划给予指导和建议，随时调查、了解行业规划的执行以及行业、企业在发

---

[1] 张成福、孟庆存：《重建政府与公民的信任关系——西方国家的经验》，《国家行政学院学报》，2003 年，第 3 期。

展过程中出现的新问题、新情况，并及时反映给政府，为行业规划的修订、完善提供依据和建议。

总之，行业协会对公共事物管理的有效参与，有助于政府及时获得有关行业协会外部关系的信息，了解与理解行业协会的宗旨和目的，减少对行业协会的担心，而行业协会也因此能赢得政府的信任和支持。

（二）通过公共责任机制强化行业协会的公共责任

现在公共责任的概念并不仅仅是指向上级负责，以及采用命令与控制的管制监督模式，而是包括了个人道德、专业伦理（专业所公布和实施的守则）、响应性（追求公民期望或需求的程度）、组织绩效、组织能力等。对行业协会而言，这种公共责任内容的不断衍生和扩展，其目的是希望通过更周全的公共责任方式确保组织使命与公益性的达成，以获取政府和公众的信心和信任。[1] 相对于公共部门和私人部门来说，行业协会的公共责任机制似乎显得较为模糊而不明确。相对于行业协会来说，利益关系人的多样性意味着责任对象的多样性，包括公共信息的揭露、法律与管制的遵守、董事会的监督与信托责任、组织效能、对关系人的响应、组织使命的正当性、利益冲突的避免与解决以及公共资源的管理，等等。[2] 正如利特所言：当非营利组织接受公共资金的时候，他们也同时接受了当选官员对资金使用的监督和控制，他们必须在公共资金的使用上承担相应的公共责任。[3]

（三）正确处理行业协会与会员企业的关系

“如果人们要联合在一起以达到他们自己个体行动所不能达到的目标，

---

[1] K. P. Kearns，Managing for accountability：Preserving the Public Trust in Public and Nonprofit Organizations，San Francisco，CA：Jossey Bass，1996：69—90.

[2] 蔡磊著，李昌麒主编：《非营利组织基本法律制度研究》，厦门：厦门大学出版社，2005年，第80页。

[3] 转引自 Treasa Hayes，Management，Control and Accountability in Nonprofit/Voluntary Organizations Aldershot：Ashgate Publishing limited，1996：105.

人们需要相互信任”（Parry，1976，P129）。行业协会的成立，代表了整个行业企业的利益和要求，它的根本宗旨就是全心全意为会员企业服务，因此必须让会员企业感受到行业协会的“贴心”与“服务”，产生强烈的信任感。为此，行业协会应牢固确立为会员企业服务的指导思想，采取引导的方式，在宏观上对会员企业进行指导。具体来讲，一是行业协会不能干涉会员企业的生产经营活动，应成为他们的交流中心、情报中心、经营指导中心和技术培训中心，通过协会无微不至的服务来推动企业改善经营管理，从而推动整个行业的发展。二是在管理职能的履行上，应采取会员民主议事和决策的原则，如行规、会章、行业产品和服务标准的规定等，都应以同行业企业的共同利益为出发点，通过充分协商来制定；会员企业的经营行为以及由此产生的利益纠纷，也应以此为准绳来进行协调和处理。三是允许各种所有制形式、不同规模的企业自由参加或退出，并在领导机构的组成上确保他们的选举权和被选举权，保证不同性质的会员企业享受平等的地位。

（四）建立有效制度加强内部管理

信任是相互的，行业协会要使政府和公众对其产生信任，还必须加强内部管理，提高自身的素质和诚信。具体说来：建立对行业协会的组织管理、财务和税收、收支管理等方面有效的制度，使行业协会的运作与活动更具有规范性，既有利于组织内部效率的提高和运作成本的降低以及政府对行业协会的管理，也有利于社会建立对行业协会的信任支持以及监督的责任机制，有助于行业协会对外树立形象，提高组织的公信度。[1]

哈佛大学商学院教授里贾纳·E. 赫茨琳杰曾提出披露—分析—发布—惩罚（DADS）法来加强对非营利组织和行业协会业绩信息的管理和设计，目前较为流行用平衡计分卡的方法来对非营利组织进行评估；同时，要重

---

[1] 蔡磊著，李昌麒主编：《非营利组织基本法律制度研究》，厦门：厦门大学出版社，2005年，第202页。

视和加强行业协会的自律机制建设。自律对行业协会公信力的建设是十分重要的。行业协会的参与式自律可创造出政府与行业协会之间的对话机制，促进二者的合作和相互信任。

在西方实践中，行业自律主要采取以下形式：

（1）行业认可制。行业认可制即行业协会承认某个组织为其成员，从而在社会中获得某种合法性。认可制的权威并不在于正面的认可，而在于会员可能受到行业谴责或行业协会开除其成员资格的威胁。

（2）行业赞许制。行业赞许制即行业协会根据行业特点和特定的标准对其组织成员进行评估、排序并对成就卓越者进行表彰，行业协会的表彰旨在形成对成员的正面激励。同时，行业协会可能把评比结果通知潜在的顾客，从而形成对成员组织的外部约束。

（3）行业规制。行业规制指的是行业协会对成员组织制定的可操作的工作标准和要求，即行业组织必须有相应的工作规范，会员及政府都拥有对行会的知情权和监督权，一旦违规即追惩相关人员及组织本身的责任和利益。[1]

[1] 周志忍、陈庆云：《自律与他律：第三部门监督机制个案研究》，杭州：浙江人民出版社，1999年，第64—65页。

第七章　行业协会自主治理的实证研究

——基于山东省日照市许孟镇瓜菜协会的自主治理个案分析

如前所述，政府与行业协会互信关系的建立是治理得以实现的前提和基础，而这种关系的长久保持离不开双方各自的信用建设。政府信用的建构一方面需通过制度的约束，另一方面也可以借助包括行业协会在内的政府以外的力量对其产生的制衡。针对行业协会而言，特别是实行脱钩管理后，自治能力的提升则成为影响其公信力至关重要的因素。

对此，自治组织理论的提出者，美国学者埃莉诺·奥斯特罗姆认为，人们如果能够解决好新制度的供给、相互监督和可信承诺等问题，是能够通过自主治理解决公共事物悲剧的。奥斯特罗姆的自治组织理论虽然来源于西方社会，但许多经验研究仍着眼于发展中国家的现实，存在于发展中国家的许多自主治理的制度都有自治组织理论的特色，如在我国经济发展过程中由各私营企业家自下而上建立的各种民间商会，这些具有自治性质的专业协会与自治组织理论的制度安排原则有基本的契合性。

基于这种契合性，国内学者也纷纷借鉴这一理论对我国非营利组织的自主治理进行了分析，如陈剩勇[1]、马斌、徐越倩[2]对浙江温州民间商会自主治理所进行的研究就是对自治组织理论的中国化运用，这些学者从温州商会的案例出发，集中讨论了行业协会的自主管理，并结合公民社会、法

---

[1] 陈剩勇、汪锦军、马斌：《组织化、自主治理与民主》，北京：中国社会科学出版社，2004 年。

[2] 马斌、徐越倩：《民间商会的治理结构与运作机制——以温州民间商会自主治理为个案的研究》，理论与改革，2006 年，第 1 期。

团主义等相关理论，分析行业协会在参与社会治理中的价值。

在我国农业发展进程中，根据农业和农村经济发展的需要，产生了很多由农民自下而上建立的农村专业技术协会自治组织。农村专业技术协会在推广普及农业技术、提供农业市场信息服务，以及推进农村扶贫攻坚和乡村振兴中发挥了生力军作用，成为推动农业和农村经济发展的一支重要力量，具有极强的生命力。农村专业技术协会的突出特点就是由农民自主治理，在建立和发展过程中始终坚持“民办、民管、共同受益”的原则。

在对日照市许孟镇瓜菜协会进行调研的过程中笔者发现，该协会从成立到运作的各个阶段，与奥斯特罗姆所论及的自治组织运行规则有较强的契合。因此，本研究接下来将以奥斯特罗姆的自治组织理论为分析工具，结合制度主义经济学的有关理论，对日照市许孟镇瓜菜协会自主治理实践进行个案分析和总结，通过系统地对该协会的生发机制、组织机构、激励和约束机制、监督约束机制的分析，深刻理解自治组织的制度供给、可信承诺以及相互监督等问题，进而探讨该协会发展成功的原因。同时，找出农村专业技术协会发展进程中的制度困境，并提出突破困境的合理化建议和对策，以期为我国广大农村专业技术协会的自治发展提供一定的经验借鉴，并为各类行业协会商会自治能力以及公信力的提升提供相应的参考。

一、自治组织理论概述

自治组织理论主要是研究“一群相互依赖的委托人如何才能把自己组织起来，进行自主治理，从而能够在所有人都面对搭便车、规避责任或其他机会主义行为形态的情况下，取得持久的共同收益”❶。奥斯特罗姆于1990年在《公共事物的治理之道：集体行动制度的演进》一书中，系统地阐述了自治组织思想，认为在产权和政府之外，存在着一股很重要且强大

❶ ［美］埃莉诺·奥斯特罗姆：《公共事物的治理之道：集体行动制度的演进》，上海三联出版社，2000年，第51页。

的力量——自治组织。她通过对鱼类、草地、森林、湖泊和地下水等公共资源使用管理情况的大量研究发现，资源使用者联盟等自治组织，经常能发展出用于解决利益冲突的决策和执行机制，使环境等公共资源得到有效管理。[1]。

在对世界各地多个案例进行总结的基础上，她提出了成功进行自主治理的八项原则："（1）清晰界定边界；（2）使占有和供应规则与当地条件保持一致；（3）集体选择的安排；（4）监督；（5）分级制裁；（6）冲突解决机制；（7）对组织权的最低限度的认可；（8）分权制企业。"[2] 由于其在经济治理，尤其是公共资源治理方面的卓越贡献，奥斯特罗姆曾被瑞典皇家科学院授予2009年度诺贝尔经济学奖。

奥斯特罗姆主要研究的是农业社区中的自治组织，农民间基于拥有共同有形资源的互动推动了自治组织的产生。之后，更多的经济学家们致力于寻找现代工业中客观存在的自治组织案例并侧重于关注自治组织如何产生以及威信来源等问题。他们在贸易联盟、区域组织以及跨国公司中发现了大量的自治组织案例，指出工业社区自治组织的产生与农业社区不同，主要通过企业和其他组织（包括政府、消费者群体、企业所在居民社区）之间的互动而产生，在这一过程中，共同制裁和信任品危机被认为是两个重要的催生力量。同时，企业选择参与自治组织的原因主要来自于体制化和战略选择。制度经济学家们认为体制化的构建能限制企业机会主义的倾向和搭便车，战略选择理论认为自治组织要想成为战略互动的均衡解需要一系列的条件，包括严格的准入规则和监控体制、奖赏的激励兼容和惩罚的可信承诺。[3] 可见，尽管自治组织理论本身也许存在一定的缺陷，但通过大量的实证案例和理论研究表明，奥斯特罗姆提出的自主治理理论及思

[1] 鲍步云：《奥斯特罗姆自治组织理论的研究进展及其出路》，《江淮论坛》，2016年，第4期，第58页。

[2] ［美］埃莉诺·奥斯特罗姆：《公共事物的治理之道：集体行动制度的演进》，上海三联出版社，2000年，第144页。

[3] 鲍步云：《奥斯特罗姆自治组织理论的研究进展及其出路》，《江淮论坛》，2016年，第4期，第58—60页。

想具有很强的解释能力和普适性。

二、农村专业技术协会的产生与作用

“农村专业技术协会是以农村中的能工巧匠、技术能手为中心，以专业户和科技户为基础，在农民自愿互利的基础上组成的群众团体。”[1] 它坚持民办、民管、共同受益的原则，通过会员民主选举产生协会的组织机构和章程，由农民进行自主管理，实行入退会自由。它不以营利为目的，而是致力于推广和运用农业科技成果，充分利用农村自然资源和劳动力资源，通过协会会员的自我服务、互帮互助，来实现农产品生产的专业化和商品化。农村专业技术协会是一种以技术合作为主的专业合作组织，是我国农村新型经济合作组织的重要组成部分，在农业和农村发展中发挥了重要的作用。主要表现在以下几方面：

一是有利于完善农村的社会化服务体系。“农村专业技术协会介于政府推广组织和农户，政府科研组织和农户之间，发挥着新的联结和纽带作用，它们已经成为我国农业技术推广队伍中一支重要的组织力量。”[2] 它的建立壮大了农业社会化服务力量，创新了农技服务机制，通过典型示范、提供科研基地、举办科技培训班等方式，加快了农业科技成果的推广应用。

二是有利于提高农民的生产组织化程度。农村专业技术协会通过技术合作与推广，有效地把分散的农户生产组织起来，变盲目生产为合同生产，变分散经营为规模经营，克服了过去组织化程度低、农户难以准确把握市场信息、生产经营存在盲目性、市场风险增大等困难，从而提高了农民群体的市场主体地位和市场竞争力，维护了农民群体的经济利益。

---

[1] 秦庆武：《中国农村组织与制度的新变迁——农村新型合作经济发展探索》，中国城市出版社，2001 年，第 75 页

[2] 任晋阳、柏长青：《论农村专业技术协会及其技术推广功能》，《农业技术经济》，1997 年第 3 期，第 23 页。

三是有利于推进农业产业化经营。农村专业技术协会通过农业技术的推广和产前、产中、产后的全方位服务，为农业产业化提供了有效的载体，把分散的农户引进到产业化经营的轨道。农村专业技术协会成为农产品市场和农户之间的桥梁，在农户和龙头企业之间建立了稳定的供求机制，既维护了农户的经济利益，又保证了龙头企业所需农产品的数量和质量。

三、日照市许孟镇瓜菜协会概况

日照市许孟镇瓜菜协会位于日照市许孟镇农产品高科技示范园内，现有会员 1200 人，办公室面积 200 平方米。该协会立足“中国西葫芦第一镇”的实际，依托、服务于广大菜农，大力开展信息、科技、物资、销售等服务，完善了瓜菜生产的社会化服务体系，提高了该镇菜农进入国内外市场的组织化程度，使当地的瓜菜生产形成了以市场为龙头，以协会为纽带，龙头带基地，基地联农户产供销一条龙的农业产业化发展格局，极大地推动了全镇瓜菜产业的发展。全镇瓜菜种植面积 3.5 万亩，年产瓜菜 1 亿多斤，收入 6500 多万元，全镇人均靠瓜菜增收 1000 多元。

该协会 2002 年 3 月被国家技术监督局列为国家级农业标准化示范区，同年 12 月，先期成立的许孟镇瓜菜公司被国家标准化管理委员会批准使用无公害产品标志。围绕这块金字招牌，瓜菜协会本着“面向现代化农业新技术”的思想，培植了一批科技示范户，先后引进新品种 30 多个，推广新技术 20 多项。同时，新建了一处占地 1800 平方米的瓜菜服务中心，购置了农药残毒检测仪器，实行标准化生产。协会建成了信息室，建立了网站，以及时搜集国内外市场信息，瓜菜畅销北京、上海、南京、大连等全国 30 多个大中城市。协会 2004 年被省民政厅命名为“山东省百强农村经济协会”，被山东省科协命名为“山东省科普示范基地”，被日照市民政局命名为“日照市十佳农村经济协会”。2006 年，许孟镇瓜菜协会又被中国科协、财政部授予“全国科普惠农兴村先进单位”。

四、日照市许孟镇瓜菜协会的生发机制分析

埃莉诺·奥斯特罗姆的自治组织理论认为，任何面临集体行动的相互依赖的一群人都需要解决三个问题：制度的供给、可信承诺、相互监督。“制度的供给问题，即由谁来设计自治组织的制度，或者说什么人有足够的动力和动机建立组织。”[1] 不确定条件下的重复博弈理论研究表明，“在一个有限重复的囚徒困境博弈中，对局人确切收益的不确定性能够产生合作的均衡和其他许多均衡。在这样的条件下，一个对局人会向另外一个对局人显示合作的意图，为的是使他们形成一系列互相有效的对局。”[2]通过对日照市许孟镇瓜菜协会生发机制的分析，协会自主治理的机制是在政府及有关部门的外部推动下，以各类专业大户为基础，通过农民的自主联合形成的。[3]

（一）日照市许孟镇瓜菜协会产生的原动力：农民自主组织的需求

改革开放以来，我国在农村实行了以家庭承包为基础，家庭经营和集体经营相结合的双层经营体制。在双层经营体制中，农民拥有了财产占有使用权、经营决策权和经营成果支配权，逐渐成为了相对独立的经营主体，农民必须独自解决产前、产中、产后各个环节的各种问题。但是随着农村生产力的发展和农村经济体制改革的深化，农村的这种生产关系渐渐表现出了与生产力发展不相适应的方面，根据生产力决定生产关系的理论，农民迫切需要产生新的组织形式来解决这些矛盾。

首先，传统的农业社会化服务体系难以满足农民的需要，农民迫切需

---

[1] 吴东民、董西明等：《非营利组织管理》，北京：中国人民大学出版社，2003 年，第 59 页。

[2] ［美］埃莉诺·奥斯特罗姆：《公共事物的治理之道：集体行动制度的演进》，上海三联出版社，2000 年，第 71 页。

[3] 参见庞晓鹏：《中国农村民间合作服务组织研究》，中国农业科技出版社，1999 年，第 21—29 页。

要建立农村专业技术协会。在家庭承包经营条件下，分散经营的农户直接面对市场发展商品生产，在资金、生产技术和市场信息等方面面临着许多自身难以解决的难题，而传统的服务体系因为自身的各种原因难以满足农民的需要。农民在面对市场时，成了市场价格和市场变化的被动接受者，无法真正实现市场主体的地位。20 世纪 80 年代初期，我国农业社会化服务体系是由政府需求而形成的机构组成的，主要包括由国家兴办的经营服务组织，如农村的国营商业、供销合作社、农村信用合作社、种子公司等；由政府职能部门兴办的服务组织，包括农技推广站、畜牧兽医站、水利站等；村级合作组织的“几统一”服务等。[1] 通过对传统农业社会化服务体系构成的考察，我们可以发现这些服务组织的社会服务功能已经逐渐弱化，农民需要的各种服务或者根本得不到，或者必须支付高额的服务费用。[2]

协会成立之前，五莲县许孟镇的农村集体经济发展较弱，双层经营体制实际上成为农户的单层经营。瓜菜生产是一种对技术要求比较高的产业，优良的品种以及各种成熟的种植技术层出不穷，由于缺乏专业技术协会这个载体，技术推广遇到了困难。一方面，农技部门由于经费和人员的限制，难以挨家挨户地进行技术指导。五莲县许孟镇共辖 65 个行政村，瓜菜种植面积共 3.5 万亩，面对如此多的农户、如此大的种植面积，如果没有一个强有力的载体，把技术服务推广到每一家农户几乎不可能。另一方面，由于实行了家庭承包经营，单个农户对于产前、产中、产后服务的需求在不断增长，因为得不到信息、技术、资金等的支持，对农户造成了不同程度的影响，农户轻则减产，重则不得不眼睁睁地看着一年的辛苦劳动付诸东流。

笔者在调查中了解到许孟镇吴家庄菜农高立方的遭遇。据他回忆，当

---

[1] 庞晓鹏：《中国农村民间合作服务组织研究》，北京：中国农业科技出版社，1999 年，第 21 页。

[2] 参见庞晓鹏：《中国农村民间合作服务组织研究》，北京：中国农业科技出版社，1999 年，第 21—23 页。

年他从外地购进一批西葫芦菜种，据说是某农业大学的最新科研成果，亩产量是一般品种的3倍。由于得不到科技信息和技术的支持，他在当年的种植中，更换了原有的品种，全部种植了这一“新科技产品”，结果当年亩产量仅为原产量的一半，事后被证实是一批假种子。高立方至今仍十分后悔地说到：“要是早成立咱许孟镇瓜菜协会就好了，现在协会负责统一供给西葫芦种子，假种子根本到不了咱农户手中。并且，是不是新的科技成果，请协会技术人员到网上进行检查就知道了。”据协会负责人王泽安称，协会成立之前，全镇每年因为假种子、假化肥、假农药给农户造成的损失大约800多万元。现在协会实行从产前到产后的全套服务，统一供种、供肥，并且有技术人员定期对农作物进行技术检测，假种子、假化肥在许孟镇已经没有了市场。

其次，建立农村专业技术协会是农民减少市场交易成本，把外部市场内部化的必然选择。实行家庭承包制后，农户成为独立的农产品生产经营主体，随着市场经济的发展，一家一户的生产经营方式，使得农户在面对市场时，交易成本、市场风险等不确定性随之增加。制度变迁理论认为“制度安排之所以会被创新，是因为有许多外在性变化促成了利润的形成，但是，由于对规模经济的要求，将外部性内在化的困难，厌恶风险，市场失败，以及政治压力等原因，而使这些潜在的外部利润无法在现有的制度安排结构内实现，因而在原有制度安排下的某些人就会率先来克服这些障碍，从而导致了一种新的制度安排的形成。”❶“以市场替代企业和以企业替代市场是我国农业社会化服务的两种基本制度供给，无论是以市场替代企业，还是以企业替代市场，两者都有其存在的合理性，问题只在于成本和收益的相互比较。”❷

通过比较我们可以发现，以市场替代企业的方式，是以市场交易为特

---

❶ ［美］R. 科斯、A. 阿尔钦、D. 诺斯等：《财产权利与制度变迁——产权学派与新制度学派译文集》，上海三联书店、上海人民出版社，1994年，第14—15页。

❷ 张晓山等：《联结农户与市场——中国农民中介组织探究》，北京：中国社会科学出版社，2002年，第120页。

征的服务供给，是以农户为单位去面对市场经济；以企业代替市场的方式，不是取消了市场，而是通过组建专业技术协会将外部市场内部化，变农户面对市场为农户组成的专业技术协会来面对市场，通过组建或加入专业技术协会，由协会根据农户的需要来组织和分配各种服务。显然以企业代替市场的方式有利于实现外部收益内部化，不仅节省了交易费用，而且增强了农户抵御市场风险的能力。农民通过成本—收益的比较，理性地选择了农村专业技术协会这种能够实现自身利益最大化的服务形式。

许孟镇瓜菜协会成立以来，按照“拓市场、扩基地、强服务、创品牌”的工作思路，坚持走以市场为龙头，以协会为纽带，龙头带基地、基地联农户、产销一条龙的农业产业化之路，收到了明显的成效。

第一，在镇内建立瓜菜批发市场，节省了农户的交易成本。协会占地40亩的许孟瓜菜批发市场，共有交易棚16间1000平方米，房屋12间，后又在贺家村新建芋头批发市场，房屋6间。市场建在家门口以后，最远的农户也能在半小时以内到达，而过去到十里地以外的许孟集市，一担菜要整整耽误一上午的时间，既浪费了时间，又增加了运输成本。

第二，协会通过提供市场指导价，增强了农户抵御市场风险的能力。瓜菜种植季节性比较强，如果不能及时掌握周边地区的市场信息，实现价格的相对稳定，势必会造成菜贱伤农的情况。协会通过查看蔬菜网信息和到周边地区考察的方式，及时了解市场行情，为农户提供与周边地区相适应的市场指导价，既避免了哄抬瓜菜的价格，又防止了瓜菜产量多而卖不到好价钱的问题。通过这种方式，客户觉得价格合理了，菜农也可以从中受益，达到了两全其美的效果。

第三，在市场管理中实行“五统一”管理办法，为客户买菜和菜农卖菜提供全方位服务。瓜菜协会在市场管理中统一过磅、统一开单、统一付款、统一结账、统一管理，客户只负责与菜农商定瓜菜价格，减少了过磅、计算、付款等环节，菜农避免了缺斤少两、删头去尾、收假钱和欺行霸市，既方便了客户，又方便了菜农，为客户和菜农提供了公平公正、安全有序的市场交易环境。

最后，建立农村专业技术协会是增强农产品市场竞争力，实现农民增收的必然要求。实行家庭承包制后，农户成为独立的农产品生产经营主体，农户对生产和经营有了自主权，但是随着市场经济的发展，农产品只有实现了规模生产、统一品种、统一标准、统一品牌，才能在市场上富有竞争力，才能够在以后的发展中抓住我国加入 WTO 的机遇，迎接经济全球化带来的挑战。在当前形势下，单家独户从事农产品的生产和销售难以形成规模效益，根本无法接到大的订单，即使找到大主顾，凭借自身的生产经营能力也难以满足市场的需要。因此，分散经营的农户们必须自主组织起来，建立专业技术协会，不断扩大生产经营的规模。协会内部根据市场的准入要求，统一生产加工标准，在面对市场时，协会成员联合起来，依靠集体的力量参与市场竞争、赢得利润。伴随着我国加入 WTO，我国政府对农业的直接保护力度逐年减弱，农业面临着来自国际上的各种各样的挑战，在这个过程当中难免会产生一些贸易摩擦。而专业技术协会等农民合作组织的建立，对于提高我国农民的对外贸易能力，维护我国农民的正当权益，优化农产品出口的外部环境，将会起到举足轻重的作用。

许孟镇瓜菜协会成立以来，逐渐形成了“标准化生产出精品，依托精品创品牌”的工作路子。协会先后建立了科技示范园、农药残留检验室、信息室等，确保了产前到产后对菜农进行标准化指导，确保了许孟镇的瓜菜产得出、卖得掉、销得畅。协会规划建设了镇级高科技示范园、村级科技示范园和科技示范户，主要搞好新品种新技术的引进、试验、示范和推广，先后引进了法国、美国、以色列、日本、瑞士等国的西葫芦、芸豆、西瓜、西红柿、茄子等八个系列 60 多个品种，推广了配方施肥、二氧化碳气体施肥、沼气综合利用、病虫害防治、人工授粉等新技术 20 多项；在物资的统一购置上，协会成立了镇村两级物资服务队，积极帮助菜农购买竹竿、铁丝、薄膜、农药等物资，确保在生产前的物资准备上就实现标准化；在技术培训方面，主要利用培训中心，通过走出去学、请进来教、自教自学、现身说法等多种形式，进行关于蔬菜标准化生产技术、无公害蔬菜生产技术、西葫芦、芸豆、芋头等蔬菜的无公害栽培技术操作规程等培训，并以“明白纸”的形式印发给菜农；在市场建设方面，协会购置了农药残留检测仪器，努力提高瓜菜品质，争创无公害蔬菜和绿色蔬菜品牌，实行市场准入制度，达不到生产标准的产品不准上市；在销售服务方面，协会组建了一支拥有 600 多个本镇营销大户的营销队伍，积极参加上海、寿光、烟台等大型产品展销会、博览会，通过发名片、发简介的形式展销产品，吸引外地客户。

另外，协会进行了强有力的网上宣传和信息搜集，协会去年购进了电脑等网络设备，加入了中国蔬菜网，及时在网上宣传本地产品，吸引全国各地的客户，了解外地蔬菜的价格行情。通过以上措施，现在许孟镇的蔬菜已远销北京、上海、天津、江苏、浙江等省市，瓜菜批发交易高峰期日交易量达 20 多万斤，交易额达 20 多万元。两处批发市场年交易量达 7000 万斤，交易额 6000 多万元。瓜菜协会通过标准化生产出的精品，已经得到了社会各界的认可：协会所在的许孟镇被中国农学会确定为“中国西葫芦第一乡”，西葫芦产品获得国家级无公害农产品认证，西葫芦四季栽培项目被国家技术监督局、国家标准化管理委员会列为国家级农业标准化示范区，之后又有芸豆、芋头两种产品获国家无公害农产品认证。

（二）日照市许孟镇瓜菜协会产生的组织基础：瓜菜生产大户、专业户

我国农村实行家庭联产承包责任制后，分散的农村家庭成为农村经济发展的微观单位，使农民在发展商品经济的过程中获得了自主权，“交足国家的，留足集体的，剩下全是自己的”成为对家庭联产承包责任制的真实写照。广大农民充分利用农村的各种生产要素，生产积极性倍增，农业生产效率和生产质量也有了大幅度的提高。

在这个背景下，20 世纪 80 年代中后期农村中出现了一批懂技术、善管理、会经营的专业户和生产大户，他们成为推动农村经济发展的重要力量，他们的成功经营给农民提供了最现实的榜样。分散的农户纷纷向农业大户学习种植和养殖技术，在农业大户的带领下一部分分散的农户，围绕

着某一农产品，形成了初步的利益共同体。在农村市场经济发展的初期，这种由农业大户带动少数分散农户的小共同体的组织形式成为农业发展的重要载体，也成为农村中的主要组织形式之一。随着农村市场的进一步开放与发展，这种小共同体的组织形式功能逐渐弱化，表现出了与大规模的市场生产不相适应的一面。

首先，小共同体成立初期，在面对市场的时候，往往以利益共同体的形式出现，因而增强了共同体内部农业大户和分散农户共同面对市场和抵御风险的能力，这种组织形式也与当时的生产力水平相适应。但是随着市场经济的发展，在农村中兴起了“大订单”农业生产，市场对农产品的需求往往是大规模的，而这时小共同体因为组织规模小、生产能力低难以满足大的市场需求，“小生产”与“大市场”产生了矛盾，在这种情况下，农业大户们纷纷想办法改变现状。

其次，这种小共同体的组织形式本身存在着监督约束和惩罚机制的缺失。小共同体的起因是农业大户的示范作用，是一个分散的农户看到了农业大户的经营成果后，向农业大户学习农业技术的过程。在这个过程中，虽然有时也表现出共同面对市场的情况，如农业大户把自己争取来的订单分配给一部分农户进行生产，但是这种利益均沾缺乏固定的机制，偶然性和随意性比较大，因而在组织内部也就没有必要建立监督约束和惩罚机制。随之而来的是分散的农户在与农业大户的合作中，出现缺斤少两、以次充好和不能按时完成订单等现象，农业大户的利益不可避免地受到了影响，同时也慢慢破坏了本地的市场环境，在这种情况下，农业大户们纷纷想办法建立一种多户合作下的相互监督约束和惩罚机制。

最后，这种农业大户联系农户、各自为营的格局不利于相互之间的良性竞争和共同市场的营造。由于没有一种组织形式能够把农业大户联系在一起，所以大户之间缺乏沟通的平台，各种先进的种植技术难以在农户和农业大户之间进行交流，并且在面对市场的时候，由于各自经济利益的存在，大户之间的市场竞争难以实现有序化和正常化，压级压价的现象时常发生，大户之间产生了矛盾又缺乏一种组织设计来公平解决，农村经济的发展遇到了组织上的瓶颈，迫切需要产生新的组织形式。农业大户和专业户在这种情况下，在进行了成本—收益的比较之后，纷纷选择通过发起、建立农村专业技术协会来进一步解放和发展农村的生产力。农业大户和专业户本来就拥有先进的农业生产技术、雄厚的资金基础、及时的市场信息、较大规模的生产资料，此时围绕着农业大户和专业户之间又形成了初步的利益共同体，农业大户、专业户便成为了农村专业技术协会的重要组织基础。

在许孟镇瓜菜协会产生和发展的过程中，农业大户和专业户也真正起到了组织基础的作用。比较典型的有以下几位：[1] 郝善友，45 岁，许孟镇吴家庄村村民，种植、经营 4 个西瓜大棚，西葫芦 5 亩，资金雄厚，技术成熟，曾经担任过村支书，具有较好的群众基础，积极带动广大村民走共同致富之路，被誉为村里的“致富带头人”；吕义军，32 岁，许孟镇西楼子村村民，业余时间刻苦钻研农业科学技术，初步掌握了冬暖式大棚栽培技术和间作套种技术，每亩西葫芦产值可达 2 万元，并且帮助本村 6 户农户建起了冬暖式大棚，被誉为村里的“村头技术能手”；李金乐，40 岁，许孟镇西楼子村村民，曾多年在外地销售瓜菜，每年的瓜菜销售额在 300 万至400 万元，了解市场行情，具有较强的市场拓展能力，被誉为村里的“经营小能人”。

郝善友在总结往年瓜菜生产经营经验和教训的基础上，通过对周边先进地区农业经济合作组织的考察，产生了建立农村专业技术协会，集中农村的资金、技术和人才，走农业产业化之路的想法。他对农业大户在农村专业技术协会组建和发展过程中的基础作用有比较深刻的体会，在与吕义军、李金乐等农业大户交换了意见之后，大户们纷纷表示支持。随后，以生产大户、技术能手和市场经营能人为基础，由 200 多农户组成的许孟镇瓜菜协会应运而生，农业大户的加入使协会在成立之初就拥有了农业技术、生产资料和市场经营等方面的雄厚基础。

[1] 资料来自对瓜菜协会王泽安会长和郝善友理事的访谈。

（三）日照市许孟镇瓜菜协会产生的外部推动：政府及其有关部门

农村专业技术协会的产生是一个内外因共同作用的结果。虽然广大农户的自主组织需求是其产生的根本原因，但是政府及有关部门的推动也起到了催化剂的作用，有力地促进了协会的产生和发展。在调查中笔者了解到，农村专业技术协会引起了省、市、县方方面面的重视，各级政府一致认为农村专业技术协会是农民自己组织起来进行技术交流、集约化生产、走向市场的最佳组织形式，因此出台了相关的指导意见，如山东省在2000年出台了《关于加快发展农村合作经济组织的意见》，日照市委市政府联合下发了《关于培育发展农村专业技术协会的意见》，五莲县委县政府也联合下发了《关于培育发展农村经济协会的通知》。

在这些意见和通知中，明确指出各级政府及有关部门要充分尊重农村专业技术协会的自主性和能动性，按照“农民治理、能人领导、政府支持”的基本指导思想，在保持农民自主治理的前提下，给予必要的帮助和引导。县政府有关部门特别是信用社、科协、民政等部门做了大量工作，积极扶持规范农村专业技术协会的产生和发展。农村信用社等金融部门积极为协会提供低息贷款和农业专项贷款，以解决协会所需要的启动资金和建设农产品交易市场所需的建筑资金；科协等技术部门为协会在技术推广、邀请知名农业专家、无公害产品认证等方面提供了方便；税务部门严格按照非营利组织的免税标准，对协会在向农户提供从产前到产后服务过程中的收入免收所得税，同时对协会经过商标注册的各种农产品也降低了税率；民政部门根据省里制定的有关优惠政策，按照农村专业技术协会的性质，采取先登记后规范的办法，适时降低门槛，放宽登记条件，扶持了协会的成立，并且还在资金协调、场所提供、基地建设等方面给予了重点扶持。以上措施的出台，使许孟镇瓜菜协会从一成立就具有了旺盛的生命力和强大的发展后劲。

五、日照市许孟镇瓜菜协会的决策机制

“治理结构是指一组联结并规范经济组织中所有者、支配者、管理者各相关主体之间相互权利、责任、利益的系统制度安排。”[1] 具体到农村专业技术协会，治理结构主要包括以下三种机制：决策机制，即如何配置和行使协会对于重大问题的决策权，主要是指协会的组织机构和组织结构的特征；激励机制，即如何激励组织中的成员，包括理事会成员、普通会员和协会专职工作人员的积极性，促成协会内部集体行动的机制；监督机制，即如何监督、约束、惩罚协会成员，以有效地促成各种“可信承诺”的实现。在日照市许孟镇瓜菜协会的自主治理实践中，决策机制主要呈现出以下特征。

（一）协会权力的配置和行使

1. 协会的组织机构设置

日照市许孟镇瓜菜协会实行会员代表大会制度，组织内部的机构设置以权力机构、监督机构和执行机构为基本框架，在基本组织形式上主要表现为会员代表大会、理事会、监事会和各个职能部门等内设机构。协会的最高权力机构为日照市许孟镇瓜菜协会会员代表大会，会员代表由协会会员选举产生，任期三年，可连选连任，经授权，协会会员代表大会履行协会会员大会职权，会员代表大会每年召开1～2次，遇到特殊情况时，四分之一会员或三分之二会员代表提出可以临时召开。代表大会对协会的人事和重大事务进行决策和监督，主要包括：对协会主要负责人和管理人员的选举权、任命权和罢免权；对协会重大管理事务和组织结构调整的决定权；听取协会关于生产、技术推广以及财务状况的汇报；选举协会监督机

[1] 徐旭初：《中国农民专业合作经济组织的制度分析》，北京：经济科学出版社，2005年，第248页。

构的组成人员，并听取监督机构的工作报告。表决实行一人一票制，代表因故不能到会的，可以书面委托其他代表代理，一名到会代表最多只能代理两名未到会代表，各项决议必须有出席代表大会的三分之二以上的代表通过才能生效。

日照市许孟镇瓜菜协会理事会是协会最高权力机构的常设机构，在协会代表大会闭幕期间，理事会代表大会行使决策权并负责日常工作，向代表大会负责。理事会由23名理事组成，理事由会员代表大会选举产生。理事是协会的骨干会员，是能够给理事长和副理事长当好助手或参谋、在协会各项活动中起带头作用的一批积极分子。理事任期三年，可连选连任，本届理事会选举理事长一名，副理事长四名，他们是协会的核心会员，是协会的创立者、发起者；秘书长一名（暂时由副理事长郑向前兼任），理事长为瓜菜协会的法定代言人，理事会议每年至少召开两次，每次会议至少有三分之二的理事出席方可召开，参加理事会议的理事三分之二以上同意方可通过决议。协会理事会主要行使以下职权：组织召开会员代表大会，执行会员代表大会的决议，负责管理协会，确保协会各项工作的正常展开；提出、审议协会的年度工作计划、财务决算以及协会年度工作报告；代表协会开展工作，依照协会的章程审议和决定重大事项；负责建立协会章程以外的各项规章制度。

日照市许孟镇瓜菜协会监事会是协会最高权力机构的监督机构，代表协会代表大会执行对协会董事会、各个职能部门及其生产经营活动的监督检查工作。监事会由三名监事组成，监事由协会代表大会选举产生，任期三年，可连选连任，监事会成员不得由理事会成员及其他高级管理人员担任，监事会选举产生监事长一名，副监事长两名。监事会议由监事长召集，监事会议必须有全体监事三分之二以上出席方可开会，会议决议须有出席会议的监事半数以上通过方可生效。个别监事对某项决议有异议时，可提出书面意见附入记录，会议决议必须通知理事会。监事会对理事会的重大决定有不同意见或建议未被采纳时，有权向会员代表大会反映，并有权召开临时会员代表大会。监事会主要行使以下职权：监督检查理事会对协会章程和协会代表大会决议的执行情况；审查协会的账目、现金、票据以及监督理事会对协会资金的运营情况；有权派代表列席理事会议，向理事会提出改进工作的建议，并提请召开理事会议和召开会员代表大会。

各个职能部门是协会代表大会和理事会决议的具体执行部门，负责瓜菜协会的日常经营管理事务，接受理事会的领导和监事会的监督。日照市许孟镇瓜菜协会现设职能部门五个，分别是：综合处，负责协会的日常办公事务；科技处，负责协会先进技术的引进与开发；信息处，负责协会加入中国蔬菜网后的信息收集和信息发布；生产资料处，负责统一为协会会员购买化肥、农药、薄膜等生产资料；财务处，负责协会会费的收支和使用；培训处，主要负责为会员提供生产技术、经济技术协会理论、营销管理、民主管理、政策法规、职业道德等方面的教育与培训。[1]

2. 协会的组织结构

"农村专业技术协会的组织结构是指理事长、副理事长、理事和一般会员之间的相互联系以及数量比例关系。由于农村专业技术协会是在自愿结合、平等互利的基础上建立起来的群众组织，它在管理上是一种民主性很强的体系，所以其组织结构的突出特点是网络型联系和合理的数量关系。"[2] 网络型联系即网络治理机制是一种为了应对需求的不确定和复杂的任务，在一个由多个独立的个人或部门为了共同的任务而组成的联合体中，组织的运行不是靠传统的层级控制，而是在定义成员角色和各自任务的基础上通过密集的多边联系、互利和交互式的合作来完成共同追求的目标，密集的多边联系和充分的合作是网络治理机制的最主要的特点。[3]

这种治理机制与市场治理和科层治理这两种基本的治理机制有很大的不同：市场治理机制以节约交易成本为原则，独立的市场主体以追求自身

---

[1] 本部分资料来源于《日照市许孟镇瓜菜协会章程》。

[2] 秦庆武：《中国农村组织与制度的新变迁——农村新型合作经济发展探索》，北京：中国城市出版社，2001 年，第 76—77 页。

[3] 参见田艳、周艳春：《网络组织的动因及类型研究》，《山西高等学校社会科学学报》，2003 年第 9 期，第 31 页。

经济利益的最大化为目标，由于市场主体之间缺乏交流与合作，因此在市场治理机制下产生了很大的交易成本，并且随着市场经济的发展，交易成本还会不断上升。而网络治理机制中市场主体是在合作的基础上进行的竞争，强调以“契约”的形式来发展生产，淡化了价格与交易，各个成员之间的关系紧密，既实现了成员之间的采购、生产、经营一体化，又在很大程度上保持了组织内成员在生产经营上的自主性，组织在面对市场时便减少了市场的不确定性，市场主体之间能够实现合作与共赢，从而节省了交易成本。

科层治理机制以节省组织的代理成本为原则，“依靠权威、命令、法律、合约等官僚结构与合法契约来规范行为”[1]，它依靠组织的权力将任务一层一层分解并落实，组织结构固定而僵化，难免会造成组织内部缺乏激励、信息不对称、对市场信息反映滞后等弊端，而网络治理机制则是“依靠信任、承诺、沟通、纽带等社会系统来维系关系”[2]，由于组织淡化了权力和命令的因素，强化了组织成员之间的合作与协商，成员之间在组织中的地位都是平等的，组织发展与自身发展紧密地结合在一起，成员之间能够进行广泛的交流与合作，能够在更深层次、更广阔的范围内实现资源与信息的共享，并且通过成员之间的互动来分担科研成本、分散经营成本，最终实现 1 +1 >2 的协同效应，在很大程度上提高了组织的生产效率。

日照市许孟镇瓜菜协会的组织结构就具有网络治理机制的明显特点。首先，瓜菜协会的产生与发展主要依靠会员之间的多边联系与合作，“协会是在自愿结合、平等互利的基础上建立起来的群众组织”[3]。“会员之间既有纵向的领导与被领导、指导与被指导、指令与接受指令的联系，又有横向的相互协商、相互指教的联系；既有直接的联系，又有间接的联系。”[4]

---

[1] 孙国强：《网络组织治理机制研究》，南开大学博士学位论文，2004 年，第 19 页。

[2] 孙国强：《网络组织治理机制研究》，南开大学博士学位论文，2004 年，第 19 页。

[3] 秦庆武：《中国农村组织与制度的新变迁——农村新型合作经济发展探索》，北京：中国城市出版社，2001 年，第 76 页。

[4] 秦庆武：《中国农村组织与制度的新变迁——农村新型合作经济发展探索》，北京：中国城市出版社，2001 年，第 76 页。

在这种治理机制下，农户与农户之间虽然存在一定的竞争，但是竞争的基础是合作，只有协会的内部关系处理妥当了，协会发展壮大了，农户才能从中获利，才能从共同的面对市场竞争的集体行动中实现个体的利益，瓜菜协会“秸秆生物反应堆”技术的推广与应用就充分地说明了这一点。“秸秆生物反应堆”技术是山东省秸秆生物技术研究中心研发的一种秸秆利用新技术，该技术采用生物技术将秸秆转化为农作物所需的二氧化碳、热量、抗病孢子和有机无机养料，能够显著改善作物生长环境，促进农作物的生长发育。协会理事吕义军是许孟镇西楼子村的农业大户，依托协会的优势，他率先学习、引进了该技术，自己投资修建了两个50米的大棚进行对比试验，结果使用该技术的大棚比没使用该技术的大棚多收入2000多元，增产增收50%以上。

由于协会是一个以技术交流和推广为目的的非营利组织，协会理事与成员之间不存在上下级的关系，而是一种以协调和维护为目标的互动关系，因此无论是理事还是普通会员，他们在协会的治理上都十分积极和主动地去实现协会的整体利益和成员之间的互惠互利。农户应用该项技术只需挖条沟，铺上秸秆，撒上菌种盖上薄膜就可以，技术操作比较简单方便，投入低见效快，加上现在有了吕义军的成功试验，在协会的积极组织和宣传下，通过协会成员的多边联系与交流，这项农业新技术在协会内部很快得到了推广应用。同时，在技术推广的过程中，协会成员通过相互合作与交流，结合自身在应用该技术的过程中发现的问题和总结的经验，纷纷对该技术的完善和改进建言献策，形成了以点带面、点面结合、逐步完善的发展思路。目前，该技术已经成为协会成员普遍掌握的技术，为全面提高瓜菜生产的单位面积产量和效益，增加农民收入作出了积极贡献。[1]

其次，许孟镇瓜菜协会组织机构的产生方式及协会领导人和普通成员之间的关系也充分体现了网络治理机制的特点。协会的组织机构和领导人员都是由会员代表大会民主选举产生的，会员代表大会实行的是一人一票

[1] 资料来源于对瓜菜协会王泽安会长和吕义军会员的访谈。

制，无论是理事还是普通会员，每位协会成员的选票都具有相同的选举效力。

协会组织机构的设置以及人员的配备都必须经过会员代表大会的表决，每位成员只要是具有足够的参与积极性、较强的组织和协调能力、较强的群众基础都可以参加协会领导人的竞选，然后经过会员代表大会对候选人进行民主投票，按照得票多少产生本届协会的领导人。下届领导人的换届选举工作也是严格执行《日照市许孟镇瓜菜协会章程》中对于协会换届和选举工作的规定。

协会的章程是经过协会会员代表大会通过的，其中关于换届和选举的有关规定真正体现了协会会员的根本利益。并且，经过选举产生的协会组织机构和协会领导人，最终要对协会会员代表大会汇报工作和负责。

协会的组织机构和领导人是由协会会员代表大会经过民主程序选举产生的，并且协会会员代表大会的各项决议必须有三分之二以上的会员代表同意后方能通过实施，所以协会的每一位会员都是协会的管理者和决策者。协会的领导人既是协会某项决议的制订者和执行者，同时又是某项决议所针对的对象，而协会的普通会员则既可以是某项决议的实施对象，又可以是某项决议的制订者。[1]

从各种决议、规定的约束力来讲，协会的领导人和协会的普通会员在地位上是平等的，领导人与普通会员之间在定义成员角色和各自任务的基础上通过进行紧密的联系和交互式的合作来实现共同的发展目标，他们之间不存在严格的等级制度，而是一种相互协调和相互整合的网络治理机制。

（二）协会自主治理的规范——协会章程和内部管理制度

日照市许孟镇瓜菜协会的会员在解决了协会的组织机构和组织结构问

[1] 参见陈剩勇、汪锦军、马斌：《组织化、自主治理与民主》，北京：中国社会科学出版社，2004年，第90页。

题之后，形成了一系列符合农村专业技术协会产生和发展规律的制度安排，在成立初期，协会的发展仅仅依靠这些不成文的约定，也许还能够平稳发展，因为“协会是按照‘契约原则’和民主精神组建起来的”[1]，成员多是协会的创立者，对农村专业技术协会的组织和运行规则都有了一定的了解，随着协会规模的日益壮大和新成员的不断加入，如果没有一系列被协会内部普遍认可的成文的治理规范，协会将难以实现健康发展。协会为了实现发展瓜菜生产、推广瓜菜生产技术和开展产供销系列服务的任务，就必须制定一系列的规章制度，以促进协会运作的规范化和有序化，并且对协会会员的行为进行激励和约束。通过对实践总结所形成的协会自主治理规范主要由两部分组成：协会的章程和协会的内部管理规定。

1. 协会的章程

日照市许孟镇瓜菜协会的章程是协会最主要的组织要素之一，是瓜菜协会组织和发展的重要规范和依据，它是根据国家有关法律和《山东省农村专业技术研究会、协会组织通则》制定的，并且经过瓜菜协会会员代表大会表决通过的根本性规范。在协会的章程中对协会的办会宗旨、协会任务、会员的入会条件、协会的机构和职责以及协会的管理等重大事项做了详细的规定。协会的章程为协会解决吸收和发展会员、召开会员代表大会、理顺协会的人事和财务关系、理顺理事会与会员以及会员与会员之间的关系等问题提供了重要的依据。

如在“会员”这一章节就对会员的权利做了如下规定：会员享有选举权和被选举权；享有对理事会的工作实施监督、批评和建议的权利；享有优先参加协会组织的各项活动，优先享受协会提供的各项服务和优惠待遇的权利；享有退会的自由权利。协会的章程保证了瓜菜协会在以后的发展过程中始终坚持自愿、互利、民主、平等的办会原则，保证了瓜菜协会始终坚持群众性非营利组织的根本特性，通过对理事会和普通会员行为的激励和约

[1] 陈剩勇：《温州民间商会：一个制度分析学的视角》，《浙江大学学报》（人文社会科学版），2003 年第 3 期，第 139 页。

束，增强了协会会员进行自主治理的合法性。

2. 协会的内部管理规范

协会的内部管理规范主要包括：行为规范、惩罚规则和争端解决规则，[1] 它是在协会章程对协会运作的根本性问题进行原则性规定的基础上，进一步对协会日常管理中的产品标准、违约惩罚、表扬奖励等问题的具体规定。

行为规范主要包括对协会成员日常行为准则以及对瓜菜技术标准和技术规程的规定。日照市许孟镇瓜菜协会的会员联系制度就对协会会员联系左右邻居、交流技术、为农户解决实际困难等方面做了规定，要求会员每月一次上门了解被联系户的思想状况和技术难题，定期对被联系户进行技术咨询服务，定期组织被联系户进行科技培训，帮助被联系户发展其他产业，走共同富裕的道路。

在瓜菜的技术标准和技术规程的规定上，瓜菜协会编印了《大棚西葫芦高产高效栽培技术规程》，从种植环境条件、品种选择、播种育苗、移栽、盖膜、结瓜期管理、病虫防治等西葫芦种植的各个方面做了详尽的说明。惩罚规则主要是对于违反协会章程和行为规范的会员是否惩罚以及如何惩罚作出规定。[2]

瓜菜协会建立了严格的定期培训制度，要求会员每季度进行一次技术培训，主要学习瓜菜种植知识，讨论新知识，交流新经验，每个会员不管入会时间长短，都要进行定期培训，并做好学习笔记。会员定期参加培训，无重大问题不准请假，有事应事先请假，无故不参加学习的三天内将培训内容补课，出勤率达到100%的会员在协会内部张榜表扬。

争端解决规则主要是针对协会成员之间或者协会成员与协会之间发生争议进行裁决时所依据的规则，[3] 主要包括规范会员之间竞争、维护市场

[1] 参见鲁篱：《行业协会经济自治权研究》，北京：法律出版社，2003年，第146页。
[2] 参见鲁篱：《行业协会经济自治权研究》，北京：法律出版社，2003年，第146页。
[3] 参见鲁篱：《行业协会经济自治权研究》，北京：法律出版社，2003年，第146页。

秩序和打击不法行为的规定。瓜菜协会也十分重视内部市场的管理，制定了《关于进一步加强市场管理的有关规定》，要求会员公买公卖、以质论价、公平交易，严禁会员在市场内私自进行现金交易，严禁强行争抢客户，违者协会内部通报一次并视情节扣发当日过磅费直至取消过磅资格。

六、日照市许孟镇瓜菜协会的内部激励机制——选择性激励机制

解决了制度供给问题之后，协会成员如何组织起来进行自主治理，以便在没有外部强制力量存在的情况下取得长期的集体利益所要面对的第二个难题，即可信承诺问题。如何激励协会成员兑现加入协会时的承诺，成为了协会在建立监督约束机制之前必须完成的工作。

虽然农村专业技术协会不以营利为目的，通过协会会员的自我服务、互相帮助、互惠互利来实现广大农民的共同利益，但是我们不能据此认为农村专业技术协会的会员组织、参加协会的目的仅仅是为了实现整个协会组织的集体利益，而把成员的个人利益和集体利益等同起来，忽视了协会成员寻求自我利益最大化的倾向。

“根据曼瑟尔·奥尔森的分析，个人从自己的私利出发，常常不是致力于集体的公共利益，个人的理性不会促进集体的公共利益，他认为在处理个体利益与集体利益关系问题上，必须从个人的利益与理性出发来解释个体利益与集体利益的关系。”[1] “组织特有的主要功能是增进由个人组成的集团的共同利益”[2]，而组织为其成员提供的公共物品最主要的特性就是非排他性和非竞争性，即集团中任何一个成员对此类物品的消费都不会影响其他成员的消费。

---

[1] 俞可平：《政治与政治学》，北京：社会科学文献出版社，2003 年，第 231 页。

[2] ［美］曼瑟尔·奥尔森：《集体行动的逻辑》，上海三联书店、上海人民出版社，1995 年，第 7 页。

具体到农村专业技术协会就是指协会提供了不可分的协会利益，协会的成员可以共同并且均等地分享，每个农户都会在生产中尽量减少自己的投入，将自己应承担的成本尽可能多地转嫁到协会其他农户的身上。这样就形成了另一个集体行动的困境，即组织中的成员并不需要付出应有的成本就可以从组织的集体利益中获得个人利益，也就是我们在经济学中经常提起的“搭便车”行为，如果每位成员都抱有“搭便车”的想法，组织却没有形成相应的激励机制，则将会出现组织中无人为集体利益的生产担负成本的局面。

解决组织中的“搭便车”行为，不仅需要监督约束机制更需要建立有选择的激励机制，即通过对每一位组织成员有区别的对待，根据成员的不同需求进行激励，通过各种形式的正面奖励和反面惩罚，给予那些为了增加集体利益而作出突出贡献的成员额外的利益，对那些违反组织规章制度、不利于集体利益增加的成员进行物质上和精神上的惩罚，以此调动成员的积极性，使每位成员能够为了组织的集体利益的增加而奉献出自己的力量。❶

日照市许孟镇瓜菜协会吸取了农业合作化运动的经验和教训，在对组织的规模和组织异质性特征进行总结和分析的基础上，最终确立了“见什么人唱什么歌”的激励机制——“选择性激励”机制。协会上下一致认为，我国农业合作化运动没有取得预期成果的主要原因之一就是没有充分肯定农户的个人利益，高估了农户的利他主义和一心为公的倾向，采取了绝对的平均主义，存在着激励不足甚至是激励缺失的问题。

在社会主义市场经济条件下，在实行了家庭联产承包责任制的基础上，发展我国新型农村经济合作组织，就要求协会充分尊重广大农户的个人利益，在激励机制上既不能缺失也不能超前，只有把握好这个“度”，激励才能够起到应有的作用。“有选择的激励”要求针对行动主体不同的

❶ 参见［美］曼瑟尔·奥尔森：《集体行动的逻辑》，上海三联书店、上海人民出版社，1995年，第6页。

需求来选择激励诱因，根据理论界对协会成员属性的划分[1]和激励需求理论[2]的总结，现将瓜菜协会的激励机制表述如图 1 所示：

成员＼需求	物质需求	归属需求	成就需求
普通会员	▲		
工作人员	▲	▲	
理事会会员			▲

图 1

总的说来，无论是普通会员、理事会成员还是协会工作人员，在协会自主治理的过程中都会或多或少地存在以上三种需求，但是具体到不同层次的参与者，不同的激励诱因对他们的效用是不同的。[3]

对于普通会员来说，加入瓜菜协会并参与协会的自主治理，首要的目的是为了实现其物质利益，即分享协会集体行动所产生的物质性公共物品，在加入协会之前，每个农户都会在经济上进行成本——收益分析，只有确定入会后所取得的收益大于所付出的成本时，才会加入协会并且为协会的自主治理贡献力量，只有绝大多数会员农户的物质利益得到满足，协会才能够形成有力的集体行动。一个农村专业技术协会如果不能给会员带来物质性利益，不能实现会员农户生产量的提高和市场交易额的增加，那么将不会有会员自愿加入，组织也就没有存在的必要。因此，对待普通会员，瓜菜协会主要从外部激励着手，依托协会的优势帮助成员解决单个农户难以解决的困难，满足广大农户对物质利益的需求。

协会成立以来，坚持不以营利为目的，积极为农户提供产前、产中和产后服务，普通会员也大都从瓜菜协会获得了物质性的利益。在产前，瓜

---

[1] 参见陈剩勇、汪锦军、马斌：《组织化、自主治理与民主》，北京：中国社会科学出版社，2004 年，第 101 页。

[2] 参见张德：《组织行为学》，北京：高等教育出版社，1997 年，第 149 页。

[3] 参见陈剩勇、汪锦军、马斌：《组织化、自主治理与民主》，北京：中国社会科学出版社，2004 年，第 101 页。

菜协会主要为会员农户提供科技信息，节省了信息收集成本；为会员农户统一购买薄膜、种子、化肥等生产资料，使会员使用的生产资料价格低、质量好，避免了假冒伪劣，不仅节省了费用，也为瓜菜增产增收打下了坚实的基础。在产中，瓜菜协会免费为会员农户进行病虫害的咨询与防治，为农户节省了生产成本，最大限度避免了由于瓜菜病情的错诊、漏诊造成的瓜菜减产和产品质量降低。在产后，瓜菜协会积极帮助会员农户推销产品，为了方便会员销售瓜菜，将市场建在家门口，节省了会员农户的运输费用。集体过秤等措施的出台又使会员农户避免了缺斤少两、假币坑害的损失。

另外，由于协会将一家一户的瓜菜生产组织起来，形成了规模效益，创出了自己的品牌，实现了品牌效应，使会员农户的瓜菜产品卖得好、卖得高，有效避免了产品积压和菜贱伤农。通过有效的物质激励，协会成立以来，已经由成立之初的200多个会员，发展到今天的1200多个会员。当然，也有小部分农户加入协会是受归属需求的影响，他们看到平时关系不错的亲戚邻居都加入了瓜菜协会，自己也选择加入协会，但这种选择多是以物质性的需求为主，因此，以满足归属需求为主的激励对他们的作用并不明显。至于以满足会员农户成就需求为主的激励机制，由于单个农户的经济实力、社会影响、政治地位等因素的制约，对普通会员来讲，作用是微乎其微甚至是无能为力的。

协会的专职工作人员主要包括各类技术人员和日常管理人员两大类，这些人员既从协会领取一定的报酬，又有较高的工作热情，有帮助广大农户实现共同富裕的积极性，因此，对他们的激励不能像对会员农户一样简单地进行物质上的激励，而应辅之以归属上的激励，也就是一种以物质性的激励为主、以满足其归属上需求的激励为辅的激励机制。

各类技术人员主要是原来技术推广站的工作人员和大中专院校的毕业生，协会的日常管理人员多是原乡镇政府有管理经验的离退休人员。协会的专职工作人员都是没有编制的聘任制人员，对他们特别是刚参加工作的大中专毕业生来说，物质性的激励作用是比较明显的，他们也是有理性的、寻求自我利益的个体，在为协会工作的过程中，他们也会进行成本—收益的分析，毕竟个人的发展和崇高理想的实现，要有一定的物质基础做后盾才行。但是根据统计，我国有41.4%的非营利组织存在缺乏资金的现象，[1] 经费问题已经成为制约我国非营利组织发展的关键性问题。

农村专业技术协会本身不以营利为目的，经费来源渠道比较狭窄，主要依靠会员的会费和较少一部分的有偿服务，因此，对专职工作人员的物质性激励在很大程度上受到了限制，这就要求协会对专职工作人员更多地进行满足其归属需求的激励。在招聘的过程中选择一些志愿性较强、工作热情比较高的同志参与到组织的自主治理之中，在日常工作中，协会致力于建立一种良好的组织氛围，成员之间相互尊重且能够在相互认同的基础上进行协调一致的行动。瓜菜协会的理事通过与工作人员进行充分的沟通和交流，进一步对他们进行精神鼓励，对其工作中所取得的成绩给予充分的肯定，使之逐渐形成为会员农户服务、同甘共苦的工作热情。通过这种内外兼有的激励机制，瓜菜协会成立以来，已经先后有3名大中专毕业生、2名专业技术人员、2名政府离退休干部参与到了组织的自主治理之中，由于对专职工作人员的激励形成了长效机制，协会成立至今，尚无一人退出。

瓜菜协会的理事会成员多是协会的核心成员，他们多是协会的组织发起者和发展的有力推动者，他们中的大多数人都具有较好的瓜菜生产基础，手中掌握了大量的市场信息、经济资源和社会资源，在协会内外都具有很强的影响力，他们积极性的发挥直接影响到协会各项业务的开展甚至是协会的兴衰成败。理事会成员多是瓜菜生产的大户，经济上一般比较富裕，满足物质上需求的激励对他们的作用比较小。因此，协会对他们主要以满足成就需求的激励为主，使每位理事会成员都具有较强的主人翁意识和工作过程中的成就感。理事会成员多以发展农村的瓜菜生产为己任，具有较高的工作热情，对于他们来说，瓜菜协会的各项工作又非常具有挑战

[1] 邓国胜：《非营利组织评估》，北京：社会科学文献出版社，2001年，第67页。

性，特别是他们处于协会组织结构的领导层，协会工作的成就感对他们的激励作用是十分有力的。

针对这一特点，协会对理事会成员的工作进行了分工，形成了几个专业工作小组，每个工作小组负责一定数量的会员农户，实行分片包户管理。协会给予理事会成员在其负责的工作领域内充分的自主权，使其对所负责的工作独立承担责任，通过这种方式，理事会成员直接参与到了组织的自主治理中，成为了工作小组中独当一面的领导者，协会理事会成员对于成就的需求得到了充分的激励，纷纷为实现个人在协会中的价值而努力工作。协会在对理事会成员进行正面成就激励的同时，也定期对各个工作小组的工作绩效进行量化考核，形成各小组的工作进度表，并将绩效考核的结果予以公布，对工作成绩突出的小组进行通报表扬，对工作落后的小组进行通报批评，通过这种激励使不同工作小组的理事会成员对照先进查找不足，形成了“比学赶帮超”的良好竞争氛围，以此来调动他们的工作积极性和主动性，促进协会各项工作的开展。

正是由于采取了这种个体异质性区别对待的“有选择的激励”机制，日照市许孟镇瓜菜协会在自主治理的过程中，能够使处于不同组织层面的会员都积极参与到协会“做蛋糕”的集体行动之中，在组织激励机制层面有效解决了“搭便车”行为，使协会在没有外部强制力量的情况下，实现了协会内部集体利益和个人利益的融合。

七、日照市许孟镇瓜菜协会的监督约束机制

瓜菜协会建立的激励机制解决了协会成员为组织工作、兑现可信承诺、监督协会成员活动的积极性和主动性问题，但是协会各项激励机制的贯彻、成员可信承诺的落实等问题，还需要与激励机制相配套的各项监督约束机制加以强化和规范。农村专业技术协会作为我国农村非营利组织的典型代表，既有非营利组织的非营利、自治性、民间性、组织性等共同特性，也有其自身与农村社会条件相适应的一面，它是一种由本地农户自主

组织起来，进行技术推广和生产互助的非营利组织，在其产生和发展过程中体现出了地域性、互助性、自主性的特点，因此，瓜菜协会的监督激励机制与非营利组织的“综合监督机制”[1] 又有所不同。通过对日照市许孟镇瓜菜协会的调查，其监督约束机制的构成如图 2 所示。

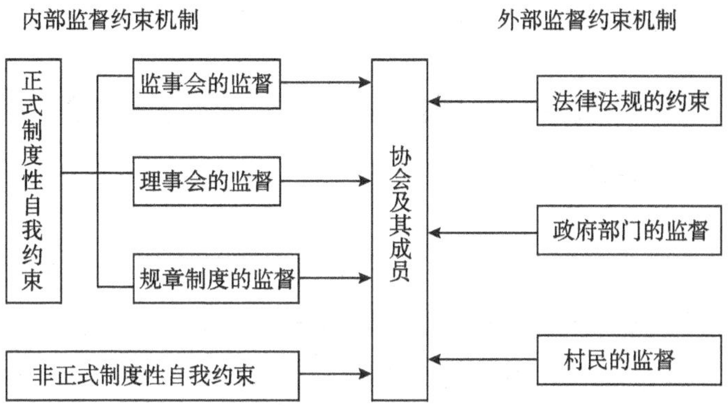

图 2

主要由外部监督约束机制、内部监督约束机制两大部分组成，并且这两大监督约束机制之间是一种辨证统一的关系：外部监督约束是外部主体对协会的监督和约束，它是协会形成有效监督的外部保证；内部监督约束是协会成员的自我约束，它是协会形成有效监督的内在基础。外部监督约束可以促进内部监督约束的形成，“当经常化、严密化的外力约束下的行为产生惯性并最终成为行为主体的‘下意识’时”，[2] 外部监督约束就转化为内部监督约束，达到内部监督和外部监督的有机统一。内部监督约束机制主要由非制度化的自我约束和制度化的自我约束两部分组成，非制度化的自我约束是以人生观、价值观等为基础的内部监督约束方式，制度化的自我约束主要是指成员在与外部环境长期互动的过程中，通过建立正式的制度来实现自我约束的一种内部监督约束方式。

由于协会本身所具有的地域性特点，非制度化的自我约束在协会成立

[1] 曾维和：《非营利组织治理中的综合监督机制探讨》，《兰州学刊》，2004 年第 3 期，第 198—200 页。

[2] 周志忍、陈庆云：《自律与他律——第三部门监督机制个案研究》，杭州：浙江人民出版社，1999 年，第 273 页。

的初期发挥了很大的作用，但是随着协会的发展与壮大，会员们纷纷认识到非制度化的自我约束没有很强的持续性，特别是在外部监督约束机制不强的情况下，容易造成对非制度化自我约束的过分依赖，因此，协会通过建立监事会和规章制度对协会会员的自我监督进行规范，最终在协会内部形成一种制度框架下会员的自我监督模式。

（一）外部监督约束机制：法律法规框架下政府部门和村民的“官民”共同监督

1. 法律法规的监督

农村新型经济合作组织，无论是初级形式的农村专业技术协会还是高级形式的农业合作社，其成立、发展乃至注销的过程都必须在我国法律法规框架下，必须遵守法律、法规和国家政策。法律法规对农村专业技术协会进行的活动具有强制性的规制作用，法律法规为农村专业技术协会的发展提供了行动上的指南，同时也是其他监督约束机制发挥作用的根本依据。重视和发挥法律法规的监督约束作用可以减少其他监督约束方式的主观性和随意性，增强外部监督的权威性和有效性，有利于在协会内部营造公平、合法的竞争环境。

事实上，由于我国很长一段时间以来缺乏专门针对农村专业合作组织的法律法规，在协会成立之初，主要参照的是由民政部颁发的《社会团体登记管理条例》，这使得很多协会在发展和运营过程中也遇到了很多难题。首先是协会登记注册的问题，由于《社会团体登记管理条例》所针对的是“所有由中国公民自愿组成，为实现会员共同意愿，按照其章程开展活动的非营利性社会组织”，[1] 其中的规定对各种社会团体几乎完全相同，由于规范对象缺乏针对性，因此对农村专业技术协会来说也就缺乏可操作性。

例如有大量的农村专业技术协会因为达不到《社会团体登记管理条例》的资金规定而不能注册。条例中对地方性社会团体活动资金的规定是

[1] 《社会团体登记管理条例》第2条。

3 万元，而农村专业技术协会大部分是由农户自主组织起来进行技术交流和推广的组织，资金来源非常有限，很少能得到政府和社会的资助，协会资金主要来自于会员的会费，这样以来，很多农村专业技术协会就因为资金的限制而不能够登记成立。现实中达不到要求的协会或者采取不注册或者就是在地方政府的保护下违规注册，而这些都与条例的要求相违背，不利于农村专业技术协会的健康发展。与之相关是农村专业技术协会的法律地位、活动范围、活动原则、职能权限等问题如果得不到法律的确认，在实际运作过程中造成了法人登记、税收信贷等环节的混乱，而影响到农村专业技术协会发展的规范性。

2006 年第十届全国人大常务委员会第二十四次会议审议通过了《中华人民共和国农民专业合作社法》，在此基础上 2007 年国务院又出台了《农民专业合作社登记管理条例》，至此，我国才开始有了真正意义上用以规范农民专业合作社的组织和行为，有了保护农民专业合作社及其成员合法权益的法律依据和监督法规。经过十多年的实践发展，农民专业合作社的发展出现了许多新情况，此前的一些规定已不适应合作社发展需要，2017 年第十二届全国人大对以前所颁布的《中华人民共和国农民专业合作社法》进行了修订，对合作社主体地位的保护、出资形式、盈余分配、经营范围等方面进行了补充和完善，新修订的《中华人民共和国农民专业合作社法》已于 2018 年 7 月 1 日开始实施。

下面结合《社会团体登记管理条例》的规定具体说明一下法律法规对日照市五莲县许孟镇瓜菜协会的监督约束作用。《社会团体登记管理条例》于 1998 年 10 月 25 日由第 250 号国务院令发布，并于 2016 年 2 月进行了修订，主要对管辖、登记成立、变更登记、注销登记、监督惩罚管理等问题做了明文规定。例如，“成立登记”部分对申请成立社团的条件做了规定：“有 50 个以上的个人会员或者 30 个以上的单位会员；个人会员、单位会员混合组成的，会员总数不得少于 50 个”“有规范的名称和相应的组织机构”“有固定的住所”“有与其业务活动相适应的专职工作人员”“有合法的资产和经费来源，全国性的社会团体有 10 万元以上活动资金，地方性的社会团体和跨行政区域的社会团体有 3 万元以上活动资金”“有独立承担民事责任的能力”。[1] 同时，“罚则”部分对社会团体在申请登记时弄虚作假、骗取登记、登记后未开展活动、超出章程规定的宗旨和业务范围进行活动、拒不接受或者不按照规定接受监督检查、从事营利性经营活动以及侵占、私分、挪用社会团体资产等违法违规行为都提出了警告、撤销登记、罚款、取缔等相应的惩罚措施。[2] 可见，法律法规已经对农村专业技术协会从申请登记到组织运作的各个主要环节进行了有效的监督，构成了协会外部监督机制的第一道防线。

2. 政府部门的监督

政府部门对农村专业技术协会的监督不仅体现在对协会注册的条件标准进行规范、对协会的各项活动进行批准、对协会的违规行为进行惩罚，而且还利用其强有力的规制手段对协会的资产、财务、变更等事项进行约束。特别是在我国政治体制改革和完善的过程中，在相应的社会监督主体还不成熟的条件下，政府的规制在各种监督约束主体中处于主导性地位。

通过对日照市五莲县瓜菜协会的监督约束机制的考察，政府部门对协会的监督主要包括以下几个方面：

首先是登记部门的监督，日照市瓜菜协会的登记部门是日照市五莲县民政局，登记管理机关主要负责协会的成立、变更、注销的登记或者备案；对社会团体实施年度检查；对社会团体违反本条例的问题进行监督检查，对社会团体违反本条例的行为给予行政处罚。

其次是协会业务主管单位的监督，瓜菜协会的业务主管部门是日照市五莲县农业局，主要负责协会筹备申请、成立登记、变更登记、注销登记前的审查；监督、指导社会团体遵守宪法、法律、法规和国家政策，依据其章程开展活动；负责社会团体年度检查的初审；协助登记管理机关和其他有关部门查处社会团体的违法行为；会同有关机关指导社会团体的清算

---

[1] 《社会团体登记管理条例》第 10 条。

[2] 参见《社会团体登记管理条例》第 6 章。

事宜。

再次是财政税务和审计部门对协会的监督，监督事项主要有社会团体的资产来源必须合法；社会团体的经费，以及开展章程规定的活动按照国家有关规定所取得的合法收入，不得在会员中分配；社会团体必须执行国家规定的财务管理制度，接受财政部门的监督；资产来源属于国家拨款或者社会捐赠、资助的，还应当接受审计机关的监督。[1]

3. 村民的监督

村民监督是瓜菜协会外部监督约束机制的另一种监督方式，这里的村民是指瓜菜协会所在乡镇至今仍未加入瓜菜协会的村民。村民监督由于其最接近协会的组织和运作，村民对协会为会员农户所提供的技术推广和生产经营服务比较了解，能够比较直接地观察到协会的各项规章制度和会员农户承诺的落实情况，因而这种外部监督方式往往能够对协会组织运作的细节问题起到一定的作用。但是，由于村民手中并不掌握对违规会员进行惩罚的公共权力，村民对协会监督的主动性主要来自于道德的驱动或协会的邀请，因此，村民的监督主要起到了向协会汇报和建议的作用。

通过实际考察，日照市五莲县许孟镇村民对瓜菜协会的监督主要通过以下几个渠道：

一是协会设立的布告栏。协会成立之初就在许孟镇瓜菜市场管理办公室门前设立了布告栏，及时向村民公布协会在会员联系、定期培训、栽培技术规程、加强市场管理等工作的规章制度，使广大村民能够对协会的各项管理规定有一个全面的了解，为其对协会进行监督提供充分的内部信息。

二是协会公布的监督举报电话。瓜菜协会为了确保市场秩序的稳定，严厉打击欺行霸市、强买强卖、压级压价、打架斗殴、阻拦车辆、威胁客户等不法行为，本着举报有奖、为举报者保密的原则，协会在成立之后就向社会公布了协会市场管理办公室的监督举报电话。协会监督举报电话的

[1] 参见《社会团体登记管理条例》第27条、28条、30条。

公布，为村民监督协会成员的市场行为、举报不良不法现象提供了方便的载体，使村民对协会的监督能够及时、有效。

三是协会建立的村民监督员制度。瓜菜协会在成立之后建立了村民监督员制度，从许孟镇各村的非会员农户中每村选取了一户作为协会的村民监督员，协会充分发挥村民监督员联系农户、贴近农户的优势，定期向村民监督员了解情况、征求意见，使广大村民对协会的监督实现了经常化、制度化。

（二）内部监督约束机制：非正式制度性自我约束与正式制度性自我约束的有机结合

1. 非正式制度性自我约束机制

非正式制度性自我约束机制是在非正式制度的驱动和制约下，在协会成员心中形成的一种自发的约束方式。相对于正式制度，“非正式制度是指人们在长期的社会交往和历史演进中自发形成的、并得到社会认可的一系列约束，包括意识形态、价值观念、道德伦理、风俗习惯等”[1]。非制度的自我监督约束机制在协会成立初期，各项规章制度还不完善的情况下发挥了潜移默化的作用：一是非正式制度因素的驱动作用，二是非正式制度因素的制约作用。

（1）非制度因素的驱动作用。瓜菜协会成立初期，各项规章制度还没有完全建立起来，这时会员如果不兑现入会时的承诺而是采取“搭便车”等投机行为，那么他不用付出成本就可以享用其他会员农户集体行动带来的利益，并且他所受到的惩罚也将会因为协会内部约束制度的不完善而变得很小甚至可以逃过惩罚。但是，瓜菜协会的建立和发展毕竟离不开其赖以生存的农村社会，五莲县许孟镇的社会状况应该说还是处于受到中国传统思想所影响的“熟人社会”之中，血缘关系、邻里关系、宗族关系等使

[1] 徐旭初：《中国农民专业合作经济组织的制度分析》，北京：经济科学出版社，2005 年，第 277 页。

会员农户在乡村生活中的联系变得非常紧密，会员农户之间在日常的生活交往中，逐渐形成了比较相似的价值观念、道德观念和行为规范，并在长期交流的基础上进一步形成了相互之间的信任。

瓜菜协会在组建和发展过程中坚持了“民办、民管、民受益”，按照自愿、互利、民主、平等的办会原则团结和吸引广大农户，协会的成员无论理事会成员还是普通会员在协会中的地位都是平等的，每位成员都是协会的主人，这使得协会成员之间的信任关系在组织内部形成了成员认同。“熟人社会”所具有的农户之间特殊的社会关系与农村专业技术协会所具有的自我管理、自我服务特性的结合，使会员农户对农村专业技术协会的自主治理产生了认同，并将这些认同主动内化为规则，组织的凝聚力也在结合的过程当中得到了提升。正是在这种非正式制度性的会员之间相互信任和相互认同的推动下，协会成员自觉地抵制“搭便车”行为，纷纷主动投入到协会的自主治理实践当中，并最终实现了“众人拾柴火焰高”。

（2）非正式制度因素的制约作用。通过以上对五莲县许孟镇“熟人社会”的分析，我们可以发现意识形态、价值观念、道德伦理、风俗习惯等非正式制度性因素对协会会员的制约作用也是比较明显的。由于处于“熟人社会”中的会员农户长期生活在一起，特别是通过血缘关系和宗族关系的联结，相互之间的熟悉和信任程度更是一般组织难以达到的，会员之间对于家庭情况的好坏、道德素质的高低、个人才干的强弱等都有比较深入的了解，并且在此基础上形成了相互的信任关系，并且由于这种信任关系能够有效地促成会员农户之间的合作，会员农户都十分重视并努力维护这种信任关系。

在这种特殊社会关系的制约之下，会员农户个体的生产经营活动也都处在其他会员农户和非会员村民的关注之下，如果协会成员不兑现入会时的承诺，不遵守协会章程的规定，不参加协会组织的集体活动，甚至做出欺行霸市、压级压价、强买强卖等有损于协会和个体声誉的事情，就要受到社会舆论的抨击和良心的谴责，甚至会受到来自协会其他会员农户的排斥，并且在以后的瓜菜生产中将很难再与协会及其他农户会员达成合作性的契约，可见他所要付出的社会成本也将是十分巨大的。因此，在面对违规暴利和“搭便车”等机会主义的诱惑时，他们往往会慎重地考虑道德伦理、价值观念等非制度性因素的制约，在进行社会成本和经济收益分析之后，他们最终会自愿地接受制度的约束，选择通过参加协会的集体行动来实现个体的利益，兑现入会时的承诺。

2. 正式制度性的自我约束机制

正式制度性的内部监督约束是指协会通过建立正式的内在制度对其成员进行的监督约束。在正式的内在制度中，对惩罚的规定和实施主要通过有组织的机制，这也是正式的内在制度与非正式的内在制度的主要区别。[1]日照市五莲县许孟镇瓜菜协会通过协会内部的正式制度对会员的监督约束主要有以下两个方面。

（1）协会内部监督约束的执行机构——监事会。瓜菜协会的协会章程中明确指出，监事会为协会的监督机构，代表会员代表大会执行对瓜菜协会董事会、经营管理者及其经营管理活动的监督检查。对于违反协会章程和违反协会各项具体规章制度的行为，监事会有权提出要求其改进的建议，对拒不接受者，监事会有权向协会会员代表大会提出建议，对协会的主要负责人和管理人员进行罢免。

监事会在协会的日常管理中主要履行以下职责：监督检查理事会对协会章程和协会会员代表大会决议的执行情况；监督检查理事会对国家有关法律、法规的执行情况；监督检查理事会对政府委托的各项经济、社会任务以及协会经营情况、财务收支以及年度计划的完成情况，有权随时查阅本会的财务账目；受理协会会员及农民来访，向理事会提出改进工作的建议等。[2]

（2）协会内部监督约束的依据——各项规章制度。瓜菜协会成立之

[1] 参见柯武刚、史漫飞：《制度经济学——社会制度与公共政策》，北京：商务出版社，2000年，第126页。

[2] 资料来源于《日照市许孟镇瓜菜协会章程》。

初，基本上是在协会章程的指引下开展工作，随着协会的发展与壮大，协会又制定了相关的规章制度对协会日常工作中的栽培技术规程、会员联系、定期培训、市场管理等事项进行规范和约束。

以《许孟镇瓜菜协会关于进一步加强市场管理的有关规定》为例，《规定》对会员农户、协会专职工作人员、协会的客户的市场交易行为都做出了规定，并对违规人员制定了相应的惩罚措施，为进一步规范市场行为、维护市场秩序、繁荣市场、搞活流通、加快瓜菜协会的发展提供了有力的保障。

《规定》要求会员农户在销售蔬菜时要以质论价、公平交易，不准把腐烂变质的瓜菜和下角料强行卖给客户，不准出现强卖现象，要以信誉赢得客户，违者一次扣罚会员农户交易额的10% ~20%；要求瓜菜客户自觉维护市场秩序，在进行瓜菜交易前向协会市场管理办公室交足瓜菜预收款后方能交易，严禁使用假币，违者按有关规定没收并给予1倍罚款；要求协会专职工作人员尽职尽责，爱护公共设施，如有损坏照价赔偿，协会专职工作人员必须使用市场管理办公室统一印制的市场交易记录本和记录单，严禁弄虚作假，违者加倍罚款。经过《规定》的约束，协会以有序的市场环境、优质的瓜菜产品、一流的交易服务吸引了来自全国各地的瓜菜客商，使客户和会员都得到了更多的实惠。

八、农村专业技术协会的发展困境及解决建议

日照市许孟镇瓜菜协会通过建立民主的决策机制、有选择的激励机制、内外结合的监督约束机制，自主治理的制度建设方面已经取得了较为显著的成效，在这种自主治理结构下，有效地解决了协会内部的民主决策、协会成员生产和工作的积极性、“搭便车”等问题，基本实现了协会内部的“善治”。在这个过程中，协会会员之间不同的利益在组织内部得到了协调并且协会成员联合起来采取了共同的行动以实现协会成员共同利益的最大化。但是，不可否认，瓜菜协会在其内部制度建设方面还存在着

很大的不足，总结起来主要有以下几方面。

协会的民主决策机制还有待完善。协会虽然借鉴国外农业经济合作组织的模式建立了比较完整的民主决策机制，但是在具体的组织运作中，由于协会的组织规模较大、协会成员的民主意识比较薄弱、协会成员的经济合作知识不够丰富、协会成员对农村专业技术协会的民主决策机制的理解还不深刻、协会工作场所特别是民主议事场所还比较小等问题的限制，瓜菜协会的民主决策机制还没有真正发挥其应有的作用。

协会的“选择性激励制度”的强度还应加强。由于受到协会服务领域狭窄和协会资金紧缺等方面的限制，对协会成员特别是协会的正式工作人员的物质激励还远远不能达到他们的要求，对于协会成员特别是理事会成员的成就激励也由于农村专业协会初级阶段的发展状况和组织的内部决策方式的影响，难以在每位理事会成员身上实现其知识水平、管理能力和决策权、管理权的完全匹配。

协会的监督约束机制还不够完善。外部监督方面，由于国家相关法律建设的滞后，目前农村专业技术协会的法律地位还不能够进一步得到明确，在对农村专业技术协会的规制和监督方面，由于我国目前实行的是登记部门和主管部门的双层管理体制以及多部门共同监督的监督方式，因此，不可避免地造成监督主体的多样化和各个监督主体职责分工的模糊性。在协会的内部监督方面，由于我国农村“熟人社会”的特点，非制度性的监督约束方式在瓜菜协会的内部监督中还是占据了比较重要的地位，而且由于协会内部制度性的监督约束机制建设还不完善，不可避免地造成了协会内部监督主要依靠协会会员道德性自律的现状，从非制度性自我监督向制度性自我监督的演变过程还十分漫长。

造成瓜菜协会发展困境的原因是十分复杂的，既有农村专业技术协会组织特性的因素，又有瓜菜协会自身自主治理不成熟的因素；既有国家法律不完善、管理体制不健全的因素，又有瓜菜协会还处于新型农业经济合作组织初级发展阶段，政府对它的管理还处于探索阶段的因素。从政府管理和协会自治两个方面综合考虑，建议政府应着重解决好专业技术协会发展的相关法律建设问题，为农村专业技术协会的自主治理提供有利的外部法律环境；瓜菜协会在今后的发展过程中应该大力加强自主治理的能力建设，着重解决好协会自治与政府监管、营利性与非营利性、协会利益与公共利益等方面的关系。

（一）农村专业技术协会自治与政府监管之间的关系处理

农村专业技术协会是一种“民办、民管、共同受益”的农民自主治理组织，在其发展过程中，必须坚持组织的自主性和民办性。由于处于新型农村经济合作组织的初级阶段，一方面，农村专业技术协会要在“自愿、互利、民主、平等”的办会原则指引下，加强内部建设特别是协会民主决策机制建设和协会自我调控能力建设，规范协会运作方式，提高协会发展的活力，努力把自身建设成为推广农业技术、发展农业生产、帮助农民致富的强有力载体。另一方面，在发展的过程中还要与政府及其涉农部门建立良好的互动关系，努力争取政府及其有关部门的支持，致力于营造协会发展的良好外部环境。政府及各涉农部门特别是农业、林业、牧业、渔业、水利、科技、供销等业务主管单位和部门要从解决“三农”问题、促进农村发展的大局出发，积极推动农村专业技术协会的建立和发展。

首先，政府及其相关部门要正确认识当前我国发展农村经济合作组织的紧迫性、必要性和重要性，将培育、发展、规范农村专业技术协会纳入当地经济社会发展的总体规划，积极引导，常抓不懈，努力做到建立一个、发展一个，支持一个、规范一个，使农村经济合作的意识深入人心。

其次，政府及其涉农部门要主动为农村专业技术协会的建立和发展提供政策上的支持和保护。我国的新型农村经济合作组织还处于起步阶段，农村专业技术协会在其建立和发展过程中难免会出现盲目发展、组织无序等片面追求短期利益忽视长远利益的缺陷，需要政府及其涉农部门从宏观政策上给予必要的支持和规范，积极对农村专业技术协会的发展进行示范引导、提供政策支持。政府在对协会进行支持的过程当中，应该主要依靠经济手段和政策的导向作用，政府行为要符合市场经济规律，不能直接干预协会资金的正常筹集使用和协会领导人员的选举产生，切实做到扶持不干预、参与不包办，真正在农村专业技术协会的产生和发展过程中实现“政府搭台、协会唱戏”。

（二）农村专业技术协会发展营利性与非营利性的关系处理

农村专业技术协会在发展过程中遇到的一个普遍难题就是资金不足，难以满足协会购买办公用品、外出宣传学习、聘请专家指导等活动的需求。由于农村专业技术协会是一种非营利组织，它不能以营利为目的，协会的资金基本来自会员的会费和政府拨款，由于农村专业技术协会的会员基本上是单个的农户，协会会费标准不可能太高，甚至有些农村专业技术协会因为怕收取会费导致农户不加入而不敢向农户收取会费。

政府部门对农村专业技术协会的支持又十分有限，政府的资金支持毕竟只是暂时的，农村专业技术协会要通过一种长效机制来保证协会发展所需要的资金。因此现实中的农村专业技术协会纷纷通过开展一些收费性的服务来解决协会发展资金不足的问题，这就不可避免地造成了农村专业技术协会通过营利性活动筹集发展资金与协会非营利性质之间关系处理的问题。其实，如果对农村专业技术协会的经营性收入进行正确的使用，这与协会的非营利性并不矛盾。

农村专业技术协会的“非营利性”主要是指协会不能以营利为目的，如果存在营利性收入，不能在成员之间进行分配，但这不是说农村专业技术协会不能产生利润，在满足协会成员基本需求的同时，它可以通过为会员以外的农户提供额外的有偿服务来补充协会的各项开支。通过提供有偿服务，在一定时期内协会还可能会有盈余，只要这些盈余没有在协会管理者和协会成员之间进行分配，而是用来开展旨在提高协会的服务水平、推广农业科学技术等满足广大协会会员共同利益的活动，农村专业技术协会就仍然是“非营利性”的，与协会“不以营利为目的”的宗旨并不违背。在这个过程当中，农村专业技术协会的服务能力也能够得到市场经济的检验，有利于协会内部服务水平和服务层次的提高，有利于吸引更多的非会员农户的加入，会员农户也将在协会有偿服务的过程中得到更多的实惠。

（三）农村专业技术协会的协会利益与村民公共利益的关系处理

农村专业技术协会是由农村中从事某一种农产品生产的农户通过自筹资金建立起来的、自主治理日常事务的农村新型经济合作组织，它的一个主要特点就是协会会员农户之间的合作与联合发挥大于单个农户生产经营能力机械相加的功能。通过对农村专业技术协会的考察和分析可以看出，建立协会虽然目的在于推广农业科学技术、推动本地区农产品的生产经营，但是在目前的发展阶段，它仍然是一种会员型的协会组织，对于农村村民的加入规定了相应的义务，特别是要求加入协会之前要交纳一定数量的会费。

由于会员只是部分而不是全体村民，农村专业技术协会就会存在协会利益，它所提供的服务就不可能是面向所有农户的，从严格意义上来说，它所提供的仅仅是一种“俱乐部物品”而不是“公共物品”。因此，在协会的生产经营过程中，由于协会会员农户之间实现了信息、技术、生产资料等方面的互帮互助，农产品的生产实现了规模效益，必然会自觉不自觉地侵害到部分非会员农户的利益。这就要求农村专业技术协会在大力发展协会内部生产经营的基础上，努力解决好协会利益与公共利益的关系，争取在协会的带动下促进本地区公共利益的增长。

首先，农村专业技术协会要树立推动本地区农业技术推广应用、提高本地区农民农产品生产经营能力、促进本地区农业增产增收的服务宗旨，充分理解、领会国家发展新型农村经济合作组织的重要意义，正确处理好协会发展与本地区农民增收的关系，尽可能多地为本地区的农业发展提供技术上的支持和服务。其次，政府及相关部门要积极向广大农户宣传农村经济合作的相关知识和发展的重要意义，并通过农村专业技术协会的典型示范作用，使更多的农户加入到农村经济合作的队伍中来，争取在小范围内实现公共利益的协会内部化。

九、小结

林毅夫教授在《再论制度、技术与中国农业发展》中深刻地论述了制度和技术对中国农业发展所起到的重要作用，农村专业技术协会的建立本身就是为农村的发展提供了一种新的制度安排；同时它又是以引进、示范、开发和推广农业科学技术为己任的组织，因此，无论是从制度变迁的角度还是从技术推广的角度，它的产生发展对于中国农业发展以及扶贫攻坚、乡村经济振兴的意义不言而喻。

农村专业技术协会经过近年来的发展，协会组织的功能已经由单纯推广农业科学技术发展到为农户提供产前、产中、产后的综合服务，并且部分协会还建立了经济实体，带领广大农户进行农业产业化经营的能力不断提高。与此同时，农村专业技术协会内部的自主治理也逐渐从理论走向实践、从实践走向成熟，日照市许孟镇瓜菜协会正是在农村专业技术协会不断完善提高的良好氛围中成立和发展起来的。通过对日照市许孟镇瓜菜协会制度提供、可信承诺、监督约束等机制的实际考察和理论分析，我们可以发现农村专业技术协会自主治理的制度安排不仅符合国际机构对农业经济合作原则的界定，而且符合大多数农户对新型经济合作组织“自愿、互利、民主、平等”的要求，这种在组织内部进行自主治理的制度安排代表了我国新型经济合作组织的发展方向。

当然，我们也应该清醒地认识到农村专业技术协会仍然是我国农村新型经济合作组织的初级形式，协会与会员之间利益关系还比较松散，还没有在协会内部解决风险共担和利益共享等相关的利益分配机制，协会今后还应该在立足自身发展的同时积极借鉴国外农民经济合作组织的先进经验，逐渐打破协会服务范围的地域界限，使农村专业技术协会由技术服务型向经济实体型发展、由单一服务型向复合服务型转变，从而提高自身的治理能力。

结　语

社会公共事物治理主体的多元化已经成为公共管理发展的基本趋势。多元治理范式的实现，离不开政府与其他社会组织制度基于相互信任的良性互动关系的构建。一方面，一种新的社会组织制度的建立，需要政府在相应的各种制度方面与之配套，并建立良性的互动关系，而政府的良好信用是这一切的前提。政府信用的建设不是通过宣传和口号，而是通过制度；不能仅仅通过自律渠道，而应借助政府以外的力量对其产生制衡和约束。行业协会作为一种新兴的制度安排，正是政府面向工商业界建立自身信用的有效途径之一，表现出行业协会在政府信用建设中的特殊意义和巨大力量；而与此同时，政府在行业协会方面所做出的各种有效的政策安排和措施，也将有助于政府树立起“保护工商业”的可信形象。另一方面，行业协会要想成为真正的治理主体，也必须拿出破釜沉舟的勇气、壮士断腕的决心和不断学习变革的毅力，通过自治能力的提升不断提高自身的公信力。

我们还应该看到，政府与行业协会基于互信基础的合作治理的实现是一项复杂的系统工程，也是一个漫长的过程，它将随着我国政治、经济体制改革的深化而不断渐进。在这个过程中，消化、缓解政府与行业协会互信中的各种矛盾，创造宽松的制度环境和科学、规范的管理机制，增强行业协会对政府管理的有效参与，提高行业协会的自治能力和公信力，夯实政府与行业协会之间的互信基础，是调整二者互信关系的基本努力方向。建立起政府与行业协会之间在利益一致、价值认同基础上的相互信任和彼此合作的良性循环，是政府与行业协会信用建设努力的目标，也是实现国家治理现代化的基础和前提。

附录1　行业协会商会与行政机关脱钩总体方案（2015年）

行业协会商会是我国经济建设和社会发展的重要力量。改革开放以来，随着社会主义市场经济体制的建立和完善，行业协会商会发展迅速，在为政府提供咨询、服务企业发展、优化资源配置、加强行业自律、创新社会治理、履行社会责任等方面发挥了积极作用。目前，一些行业协会商会还存在政会不分、管办一体、治理结构不健全、监督管理不到位、创新发展不足、作用发挥不够等问题。按照《中共中央关于全面深化改革若干重大问题的决定》《国务院机构改革和职能转变方案》有关精神和工作部署，为加快转变政府职能，实现行业协会商会与行政机关脱钩，促进行业协会商会规范发展，制定本方案。

一、总体要求和基本原则

（一）总体要求

贯彻落实党的十八大和十八届二中、三中、四中全会精神，加快形成政社分开、权责明确、依法自治的现代社会组织体制，理清政府、市场、社会关系，积极稳妥推进行业协会商会与行政机关脱钩，厘清行政机关与行业协会商会的职能边界，加强综合监管和党建工作，促进行业协会商会成为依法设立、自主办会、服务为本、治理规范、行为自律的社会组织。创新行业协会商会管理体制和运行机制，激发内在活力和发展动力，提升行业服务功能，充分发挥行业协会商会在经济发展新常态中的独特优势和应有作用。

（二）基本原则

坚持社会化、市场化改革方向。围绕使市场在资源配置中起决定性作用和更好发挥政府作用，改革传统的行政化管理方式，按照去行政化的要求，切断行政机关和行业协会商会之间的利益链条，建立新型管理体制和运行机制，促进和引导行业协会商会自主运行、有序竞争、优化发展。

坚持法制化、非营利原则。加快行业协会商会法律制度建设，明确脱钩后的法律地位，实现依法规范运行。建立准入和退出机制，健全综合监管体系。各级政府要明确权力边界，实现权力责任统一、服务监管并重。按照非营利原则要求，规范行业协会商会服务行为，发挥对会员的行为引导、规则约束和权益维护作用。

坚持服务发展、释放市场活力。提升行业协会商会专业化水平和能力，推动服务重心从政府转向企业、行业、市场。通过提供指导、咨询、信息等服务，更好地为企业、行业提供智力支撑，规范市场主体行为，引导企业健康有序发展，促进产业提质增效升级。

坚持试点先行、分步稳妥推进。在中央和地方分别开展试点，设置必要的过渡期，积极探索，总结经验，完善措施，逐步推开。根据行业协会商会不同情况，因地因业因会逐个缜密制定脱钩实施方案，具体安排、具体指导、具体把握，确保脱钩工作平稳过渡、有序推进。

二、脱钩主体和范围

脱钩的主体是各级行政机关及其主办、主管、联系、挂靠的行业协会商会。其他依照和参照公务员法管理的单位及其主办、主管、联系、挂靠的行业协会商会，参照本方案执行。

同时具有以下特征的行业协会商会纳入脱钩范围：会员主体为从事相

同性质经济活动的单位、同业人员，或同地域的经济组织；名称以“行业协会”“协会”“商会”“同业公会”“联合会”“促进会”等字样为后缀；在民政部门登记为社会团体法人。

个别承担特殊职能的全国性行业协会商会，经中央办公厅、国务院办公厅批准，另行制定改革办法。

三、脱钩任务和措施

（一）机构分离，规范综合监管关系

取消行政机关（包括下属单位）与行业协会商会的主办、主管、联系和挂靠关系。行业协会商会依法直接登记和独立运行。行政机关依据职能对行业协会商会提供服务并依法监管。

依法保障行业协会商会独立平等法人地位。按照有利于行业发展和自愿互惠原则，对行业协会商会之间、行业协会商会与其他社会组织之间的代管协管挂靠关系进行调整，并纳入章程予以规范。鼓励行业协会商会优化整合，提高服务效率和水平。

调整行业协会商会与其代管的事业单位的关系。行业协会商会代管的事业单位，并入行业协会商会的，注销事业单位法人资格，核销事业编制，并入人员按照行业协会商会人员管理方式管理；不能并入行业协会商会的，应当与行业协会商会脱钩，根据业务关联性，在精简的基础上划转到相关行业管理部门管理，并纳入事业单位分类改革。

行政机关或事业单位与行业协会商会合署办公的，逐步将机构、人员和资产分开，行政机关或事业单位不再承担行业协会商会职能。

（二）职能分离，规范行政委托和职责分工关系

厘清行政机关与行业协会商会的职能。剥离行业协会商会现有的行政职能，法律法规另有规定的除外。业务主管单位对剥离行业协会商会有关

行政职能提出具体意见。

加快转移适合由行业协会商会承担的职能。行政机关对适合由行业协会商会承担的职能，制定清单目录，按程序移交行业协会商会承担，并制定监管措施、履行监管责任。

（三）资产财务分离，规范财产关系

行业协会商会应执行民间非营利组织会计制度，单独建账、独立核算。没有独立账号、与行政机关会计合账、财务由行政机关代管或集中管理的行业协会商会，要设立独立账号，单独核算，实行独立财务管理。

对原有财政预算支持的全国性行业协会商会，逐步通过政府购买服务等方式支持其发展。自 2018 年起，取消全国性行业协会商会的财政直接拨款，在此之前，保留原有财政拨款经费渠道不变。为鼓励全国性行业协会商会加快与行政机关脱钩，过渡期内根据脱钩年份，财政直接拨款额度逐年递减。地方性行业协会商会的财政拨款过渡期和过渡办法，由各地自行确定，但过渡期不得超过 2017 年底。用于安置历次政府机构改革分流人员的财政资金，仍按原规定执行。

按照财政部门、机关事务主管部门统一部署和有关规定，各业务主管单位对其主管的行业协会商会财务资产状况进行全面摸底和清查登记，厘清财产归属。财政部门会同机关事务主管部门按照所有权、使用权相分离的原则，制定行业协会商会使用国有资产（包括无形资产）管理办法，确保国有资产不流失，同时确保行业协会商会的正常运行和发展。

行业协会商会占用的行政办公用房，超出规定面积标准的部分限期清理腾退；符合规定面积标准的部分暂由行业协会商会使用，2017 年底前按《中共中央办公厅、国务院办公厅关于党政机关停止新建楼堂馆所和清理办公用房的通知》及有关规定清理腾退，原则上应实现办公场所独立。具体办法由机关事务主管部门会同有关部门制定。

（四）人员管理分离，规范用人关系

行业协会商会具有人事自主权，在人员管理上与原主办、主管、联系和挂靠单位脱钩，依法依规建立规范用人制度，逐步实行依章程自主选人用人。

行政机关不得推荐、安排在职和退（离）休公务员到行业协会商会任职兼职。现职和不担任现职但未办理退（离）休手续的党政领导干部及在职工作人员，不得在行业协会商会兼任职务。领导干部退（离）休后三年内一般不得到行业协会商会兼职，个别确属工作特殊需要兼职的，应当按照干部管理权限审批；退（离）休三年后到行业协会商会兼职，须按干部管理权限审批或备案后方可兼职。

对已在行业协会商会中任职、兼职的公务员，按相关规定进行一次性清理。任职的在职公务员，脱钩后自愿选择去留：退出行业协会商会工作的，由所属行政机关妥善安置；本人自愿继续留在行业协会商会工作的，退出公务员管理，不再保留公务员身份。在行业协会商会兼职的公务员，要限期辞去兼任职务。

行业协会商会全面实行劳动合同制度，与工作人员签订劳动合同，依法保障工作人员合法权益。工作人员的工资，由行业协会商会按照国家有关法律、法规和政策确定。行业协会商会及其工作人员按规定参加基本养老、基本医疗等社会保险和缴存住房公积金。

行业协会商会与行政机关脱钩后，使用的事业编制相应核销。现有事业人员按国家有关规定参加机关事业单位养老保险。历次政府机构改革分流人员仍执行原定政策。

（五）党建、外事等事项分离，规范管理关系

行业协会商会的党建、外事、人力资源服务等事项与原主办、主管、联系和挂靠单位脱钩。全国性行业协会商会与行政机关脱钩后的党建工作，按照原业务主管单位党的关系归口分别由中央直属机关工委、中央国

家机关工委、国务院国资委党委领导。地方行业协会商会与行政机关脱钩后的党建工作，依托各地党委组织部门和民政部门建立社会组织党建工作机构统一领导；已经建立非公有制企业党建工作机构的，可依托组织部门将其与社会组织党建工作机构整合为一个机构。行业协会商会脱钩后，外事工作由住所地省（区、市）人民政府按中央有关外事管理规定执行，不再经原主办、主管、联系和挂靠单位审批。行业协会商会主管和主办的新闻出版单位的业务管理，按照文化体制改革相关要求和新闻出版行政管理部门有关规定执行。人力资源服务等事项由行业协会商会住所地有关部门按职能分工承担。

四、配套政策

（一）完善支持政策

制定有针对性的扶持引导政策，加强分类指导。完善政府购买服务机制，支持行业协会商会转型发展。鼓励各有关部门按照《国务院办公厅关于政府向社会力量购买服务的指导意见》要求，向符合条件的行业协会商会和其他社会力量购买服务，及时公布购买服务事项和相关信息，加强绩效管理。

完善行业协会商会价格政策，落实有关税收政策。按照行政事业性收费管理的有关规定，规范行业协会商会承接政府委托的行政事业性收费事项。对符合条件的非营利组织落实企业所得税优惠政策。

鼓励行业协会商会参与制定相关立法、政府规划、公共政策、行业标准和行业数据统计等事务。有关部门要充分发挥行业协会商会在行业指南制定、行业人才培养、共性技术平台建设、第三方咨询评估等方面的作用，完善对行业协会商会服务创新能力建设的支持机制。

建立信息资源共享机制。全国性行业协会商会的有关行业统计数据，按原规定报送国家统计局。行业协会商会应按原渠道向行业管理部门报送相关行业数据和信息。有关职能部门要建立行业公共信息交汇平台，整合全国性行业协会商会的有关数据，为政府制定和实施相关政策提供信息服务，为行业协会商会提供必要的行业信息和数据。

支持行业协会商会在进出口贸易和对外经济交流、企业“走出去”、应对贸易摩擦等事务中，发挥协调、指导、咨询、服务作用。鼓励行业协会商会参与协助政府部门多双边经贸谈判工作，提供相关咨询和协调服务。鼓励行业协会商会积极搭建促进对外贸易和投资等服务平台，帮助企业开拓国际市场。

（二）完善综合监管体制

加强法律法规制度建设。加快推进行业协会商会立法工作。行业协会商会脱钩后，按程序修改章程并报民政部门备案。健全行业协会商会退出机制，在实施脱钩中对职能不清、业务开展不正常、不适应经济社会发展的行业协会商会依法予以注销。鼓励和促进行业协会商会间公平有序竞争。

完善政府综合监管体系。制定行业协会商会综合监管办法，健全监督管理机制。民政部门依照相关登记管理法规，对行业协会商会加强登记审查、监督管理和执法检查，强化对主要负责人任职条件和任用程序的监督管理。财政部门负责对政府购买行业协会商会服务的资金和行为进行评估和监管，并会同机关事务主管部门对行业协会商会使用的国有资产进行登记和监管。税务部门对行业协会商会涉税行为进行稽查和监管。审计部门对行业协会商会依法进行审计监督。价格部门对行业协会商会收费及价格行为进行监管。行业协会商会组织论坛、评比、达标、表彰等活动，要严格按相关规定执行，并接受监督。各行业管理部门按职能对行业协会商会进行政策和业务指导，并履行相关监管责任。其他职能部门和地方政府按职能分工对行业协会商会进行监管。党的各级纪检机关加强监督执纪问责。探索建立专业化、社会化的第三方监督机制。

完善信用体系和信息公开制度。建立行业协会商会信用承诺制度，完善行业协会商会的信用记录，建立综合信用评级制度。对行业协会商会的信用情况开展社会评价，评价结果向社会公布。建立健全行业协会商会信息公开和年度报告制度，接受社会监督。

建立完善法人治理结构。行业协会商会要按照建立现代社会组织要求，建立和完善产权清晰、权责明确、运转协调、制衡有效的法人治理结构。健全行业协会商会章程审核备案机制，完善以章程为核心的内部管理制度，健全会员大会（会员代表大会）、理事会（常务理事会）制度，建立和健全监事会（监事）制度。落实民主选举、差额选举和无记名投票制度。鼓励选举企业家担任行业协会商会理事长，探索实行理事长（会长）轮值制，推行秘书长聘任制。实施法定代表人述职、主要负责人任职前公示和过错责任追究制度。在重要的行业协会商会试行委派监事制度，委派监事履行监督和指导职责，督促行业协会商会落实宏观调控政策和行业政策。所派监事不在行业协会商会兼职、取酬、享受福利。

五、组织实施

（一）建立工作机制

国家发展改革委、民政部会同中央组织部、中央编办、中央直属机关工委、中央国家机关工委、外交部、工业和信息化部、财政部、人力资源和社会保障部、商务部、审计署、国务院国资委、国管局、全国工商联，成立行业协会商会与行政机关脱钩联合工作组（以下简称联合工作组），负责组织实施本方案，推进全国性行业协会商会脱钩工作，指导和督促各地开展脱钩工作。联合工作组由国务院领导同志牵头，办公室设在国家发展改革委。各地建立相应领导机制和工作组，制定本地区脱钩方案，负责推进本地区脱钩工作。

（二）明确责任分工

各相关职能部门按照本方案和职能分工，落实相关政策和措施。各级发展改革部门、民政部门负责统筹协调、督促检查脱钩工作。审计部门负责对资产清查结果进行抽查监督，审计脱钩过程中财政资金使用情况。各业务主管单位负责逐个制定行业协会商会脱钩实施方案，落实各项工作，并向社会公开。

本方案印发后一个月内，有关部门分别出台相关配套文件：中央组织部会同中央直属机关工委、中央国家机关工委、国务院国资委党委制定关于全国性行业协会商会与行政机关脱钩后党建工作管理体制调整的实施办法，明确党的思想、组织、作风、反腐倡廉和制度建设的具体任务，切实加强党对行业协会商会党建工作的领导；中央编办会同国家发展改革委、工业和信息化部、财政部、人力资源和社会保障部、商务部、国务院国资委等部门提出关于行业协会商会与行政机关脱钩涉及事业单位机构编制调整的意见；外交部提出相关外事管理工作政策措施；国家发展改革委牵头制定行业公共信息平台建设方案；民政部牵头制定全国性行业协会商会主要负责人任职管理办法；财政部会同国管局、中直管理局等有关部门制定行业协会商会资产清查和国有资产管理规定，财政部提出逐步取消财政拨款的具体操作办法，财政部会同国家发展改革委等部门提出购买行业协会商会服务的具体措施；国管局、中直管理局会同有关部门制定清理腾退全国性行业协会商会占用行政办公用房的具体办法。

为适应行业协会商会脱钩后的新体制新要求，国家发展改革委、民政部会同有关部门制定综合监管办法。

（三）稳妥开展试点

全国性行业协会商会脱钩试点工作由民政部牵头负责，2015 年下半年开始第一批试点，2016 年总结经验、扩大试点，2017 年在更大范围试点，通过试点完善相应的体制机制后全面推开。按照兼顾不同类型、行业和部门的原则，第一批选择 100 个左右全国性行业协会商会开展脱钩试点。各业务主管单位于 2015 年 7 月底前将推荐试点名单报送民政部，并逐个制定试点行业协会商会脱钩实施方案。方案报经民政部核准、联合工作组批复后实施，其中须有关部门批准的事项，按管理权限和职能分别报批。各试点单位要在2016年6月底前完成第一批试点，由联合工作组对试点成效进行评估并认真总结经验，完善配套政策。

地方行业协会商会脱钩试点工作由各省（区、市）工作组负责。各省（区、市）同步开展本地区脱钩试点工作，首先选择几个省一级协会开展试点，试点方案报经民政部核准、联合工作组批复后实施。各地要在2016年底前完成第一批试点和评估，并将评估结果报联合工作组。在认真总结经验的基础上，完善试点政策，逐步扩大试点范围，稳妥审慎推开。

（四）精心组织实施

脱钩工作涉及面广、政策性强、社会关注度高，各地区、各有关部门和行业协会商会要高度重视，严明纪律，做好风险预案，确保如期完成脱钩任务。要严格按照本方案要求推进脱钩工作，规范工作程序，建立考核机制，确保工作有序开展。要加强舆论引导和政策解读，形成良好舆论氛围。脱钩工作中遇有重要情况和问题，要及时向联合工作组报告。

各地区、各部门要大力支持行业协会商会发展，优化发展环境，改进工作方式，构建与行业协会商会新型合作关系；建立和完善与行业协会商会协商机制，在研究重大问题和制定相关法律法规、规划、政策时应主动听取相关行业协会商会意见；加强对行业协会商会的指导和支持，及时研究解决行业协会商会改革发展中的困难和问题。行业协会商会要加快转型，努力适应新常态、新规则、新要求，完善治理结构，规范自身行为，提升专业服务水平，强化行业自律，引导企业规范经营，积极反映会员诉求，维护会员合法权益，真正成为依法自治的现代社会组织。

自本方案印发之日起，新设立的行业协会商会，按本方案要求执行。

来源：中国政府网

附录2 脱钩后行业协会商会资产管理暂行办法（2016年）

第一章 总 则

第一条 为了规范和加强脱钩后行业协会商会（以下简称协会商会）资产管理，维护各类资产安全完整，促进协会商会健康发展，根据《行业协会商会与行政机关脱钩总体方案》《关于改革社会组织管理制度促进社会组织健康有序发展的意见》《行业协会商会综合监管办法》等，制定本办法。

第二条 本办法适用于与行政机关脱钩后的协会商会各类资产的管理活动。

第三条 协会商会资产是指协会商会占有使用的、能以货币计量的各种经济资源的总称。包括依据国家有关规定确认的国有资产、暂按国有资产管理的资产和其他资产，其表现形式为流动资产、固定资产、对外投资和无形资产等。

第四条 协会商会资产管理，应当遵循以下原则：

（一）坚持内部治理与外部监管相结合；

（二）坚持全链条管理与重点环节管理相结合；

（三）坚持资产监管与其他综合监管相结合；

（四）坚持资产信息主动公开与强制公开相结合。

第五条 协会商会资产管理的主要内容是：

（一）完善资产管理体制，明晰管理职责；

（二）建立健全内部资产管理制度体系；

（三）规范资产管理流程。

第六条　协会商会对其管理和使用的各类资产承担主体责任。协会商会应当建立内部治理和外部监管相结合的资产管理体制，完善法人治理结构，厉行节约，科学配置资产，合理合规使用和处置资产，主动接受监督。

第七条　协会商会资产受法律保护，任何个人和团体不得私分、挪用和违规处置。

第八条　各级财政部门、民政部门负责指导和监管协会商会资产管理工作。财政部门负责牵头制定资产管理制度并组织实施和监督检查，重点加强国有资产监督管理，建立资产报告制度等；民政部门负责统一的信息平台建设，构建协会商会资产信息披露渠道，会同财政部门和其他相关部门共同做好协会商会资产监管工作。

第二章　一般规定

第九条　协会商会应当根据国家有关法律法规和资产管理制度，在章程中明确经费来源、资产管理和使用原则、对外投资等重要事项的工作程序，以及终止时剩余资产的处置规定等。

第十条　协会商会应当根据本办法，按照节约高效、科学规范的原则，制定涵盖资产配置、使用、处置、资产收入、对外投资、资产清查、资产报告、资产评估等全过程，以及资产配置标准和内部管理程序的资产管理办法。

协会商会资产管理办法需经会员大会或会员代表大会审议通过。

第十一条　协会商会应当建立党组织参与资产配置、对外投资、资产处置、资产收益分配等重要管理事项的决策机制。

第十二条　协会商会各项资产收入和支出全部纳入单位财务预算，实行统一核算和统一管理。

第十三条　协会商会配置资产应当符合规定的配置标准；没有配置标

准的，应当从严控制，合理配置。

第十四条 协会商会应当加强资产购置、验收、登记、入账、保管、使用等管理，充分发挥资产使用效益，确保资产安全完整。对实物资产进行定期清查盘点，做到账、卡、实相符，提高资产管理信息化水平。

第十五条 协会商会应当严格控制对外投资。对确有需要的对外股权投资行为，应与协会商会宗旨和业务范围相符，按照依法合规、安全稳健、风险可控的原则，进行可行性论证，并严格履行协会商会章程和资产管理办法规定的程序。

对外股权投资收益统筹用于章程规定的各项业务活动，不得在管理层、工作人员和会员之间进行分配。

第十六条 协会商会所办企业应当按照建立现代企业制度要求，完善法人治理结构，健全决策机制，不断提升企业管理水平。

第十七条 协会商会及其所办企业对展会主办权、体育赛事商务运营及转播权等各类无形资产进行转让或委托管理经营时，应当按照竞争、择优的原则，通过市场化方式选择受让方或委托管理方。已签订合作合同的，合同期满后按照本办法要求重新公开选择合作方。

第十八条 协会商会不得与关联方进行不正当交易，损害协会商会及会员利益。协会商会不得无偿向关联方提供资金、商品、服务或者其他资产，不得以不公平的价格与关联方进行交易。

关联方是指协会商会在职人员和离职人员及其近亲属，以及上述人员所有、实际控制或参股的企业，具体认定标准参照《企业会计准则——关联方披露》执行，涉及上市公司的还应当参照《上市公司信息披露管理办法》执行。

第十九条 协会商会出租出借和处置资产应当按照公开、公平、公正原则进行，并履行协会商会章程和资产管理办法规定的程序。

第二十条 按照《资产评估法》《国有资产评估管理办法》等法律法规，协会商会发生资产出售、转让、置换或利用非货币性资产对外投资等需要进行资产评估的情形时，应当委托评估机构进行评估。

第二十一条 协会商会应当于年度终了4个月内，编制包括国有资产和暂按国有资产管理的资产在内的资产报告，全面反映各类资产总量、结构、增减变化、对外投资、资产处置及负债等信息。

资产报告需经会计师事务所审计后，于每年5月31日前，按照《社会团体登记管理条例》有关规定，通过民政部门统一的信息平台和协会商会网站等渠道，向社会公开。

第二十二条 协会商会终止时，应当按照《社会团体登记管理条例》有关规定进行清算。清算后的剩余财产，按照协会商会章程的规定进行处置。

为公益目的成立的协会商会终止时，应当执行《民法总则》及相关规定，不得向出资人、设立人、会员和协会商会工作人员分配剩余财产。剩余财产按照章程规定或权力机构的决议用于公益目的；无法按照章程规定或权力机构决议处理的，由主管机关主持转给宗旨相同或相近的法人，并向社会公告。

第三章 国有资产管理特殊规定

第二十三条 协会商会应当按照所有权与使用权相分离的原则，加强对国有资产和暂按国有资产管理资产的管理。

第二十四条 对确认为国有资产或暂按国有资产管理的资产，协会商会应当进行单独登记与核算。

使用国有资产或暂按国有资产管理的资产形成的新增资产，仍为国有资产或暂按国有资产管理。国家法律法规另有规定的，从其规定。

第二十五条 协会商会国有资产和暂按国有资产管理资产中的房屋、土地处置事项，根据职责分工报同级财政部门、机关事务主管部门或相关部门审核。

协会商会占用的行政办公用房和由财政性资金形成的事业单位办公用房，按照行业协会商会脱钩改革中关于办公用房管理的有关规定执行。

第二十六条 协会商会应当按照《企业国有资产法》等法律法规，对持有的企业国有股权履行保值增值责任。

第四章　监督管理

第二十七条　财政部门会同民政部门和相关部门，加强对协会商会财务、会计等政策执行情况，以及资产配置、使用、对外投资、处置、收益管理等情况的监督检查。审计机关对协会商会的资产管理情况依法进行审计监督。

对监督检查中发现的不按规定程序决策资产重要事项、违规对外投资和进行资产收益分配等问题开展联合惩戒。各有关部门根据工作职责，分别依法依规采取限制从事相关行业服务、调整信用记录、取消评先评优资格、取消税收优惠资格等惩戒措施。

第二十八条　协会商会应当加大资产信息公开力度，通过协会商会网站、民政部门统一信息平台等渠道，向社会公开资产管理办法、资产报告等信息，主动接受政府监督和社会监督。

第二十九条　协会商会主要负责人按规定向会员大会（会员代表大会）或理事会（常务理事会）进行年度工作报告时，应当将资产管理情况作为重要内容，接受内部质询和监督。

第三十条　协会商会工作人员违反本办法，存在擅自占有、使用、处置协会商会资产等违法违规行为的，按照有关法律法规追究相应责任；涉嫌犯罪的，移送司法机关处理。

国家机关及其工作人员在监督协会商会资产管理工作的过程中，存在违反本办法规定的行为，以及其他滥用职权、玩忽职守、徇私舞弊等违法违纪行为的，按照《中华人民共和国公务员法》《财政违法行为处罚处分条例》等国家有关规定追究相应责任；涉嫌犯罪的，移送司法机关处理。

第五章　附　则

第三十一条　在民政部门直接登记的协会商会资产管理，依照本办法执行。按规定程序认定的承担特殊职能的协会商会，暂按现行资产管理办法执行。

第三十二条　地方财政部门可以根据本办法及本地区实际，制定具体实施办法，并报上级财政部门备案。

第三十三条　本办法自 2018 年 1 月 1 日起施行。

来源：中华人民共和国财政部网站

附录3　社会团体登记管理条例（2016年2月6日修订版）

（1998年10月25日国务院令第250号发布

根据2016年2月6日《国务院关于修改部分行政法规的决定》修订）

第一章　总则

第一条　为了保障公民的结社自由，维护社会团体的合法权益，加强对社会团体的登记管理，促进社会主义物质文明、精神文明建设，制定本条例。

第二条　本条例所称社会团体，是指中国公民自愿组成，为实现会员共同意愿，按照其章程开展活动的非营利性社会组织。

国家机关以外的组织可以作为单位会员加入社会团体。

第三条　成立社会团体，应当经其业务主管单位审查同意，并依照本条例的规定进行登记。

社会团体应当具备法人条件。

下列团体不属于本条例规定登记的范围：

（一）参加中国人民政治协商会议的人民团体；

（二）由国务院机构编制管理机关核定，并经国务院批准免于登记的团体；

（三）机关、团体、企业事业单位内部经本单位批准成立、在本单位内部活动的团体。

第四条 社会团体必须遵守宪法、法律、法规和国家政策，不得反对宪法确定的基本原则，不得危害国家的统一、安全和民族的团结，不得损害国家利益、社会公共利益以及其他组织和公民的合法权益，不得违背社会道德风尚。

社会团体不得从事营利性经营活动。

第五条 国家保护社会团体依照法律、法规及其章程开展活动，任何组织和个人不得非法干涉。

第六条 国务院民政部门和县级以上地方各级人民政府民政部门是本级人民政府的社会团体登记管理机关（以下简称登记管理机关）。

国务院有关部门和县级以上地方各级人民政府有关部门、国务院或者县级以上地方各级人民政府授权的组织，是有关行业、学科或者业务范围内社会团体的业务主管单位（以下简称业务主管单位）。

法律、行政法规对社会团体的监督管理另有规定的，依照有关法律、行政法规的规定执行。

第二章 管 辖

第七条 全国性的社会团体，由国务院的登记管理机关负责登记管理；地方性的社会团体，由所在地人民政府的登记管理机关负责登记管理；跨行政区域的社会团体，由所跨行政区域的共同上一级人民政府的登记管理机关负责登记管理。

第八条 登记管理机关、业务主管单位与其管辖的社会团体的住所不在一地的，可以委托社会团体住所地的登记管理机关、业务主管单位负责委托范围内的监督管理工作。

第三章 成立登记

第九条 申请成立社会团体，应当经其业务主管单位审查同意，由发起人向登记管理机关申请登记。

筹备期间不得开展筹备以外的活动。

第十条 成立社会团体，应当具备下列条件：

（一）有50个以上的个人会员或者30个以上的单位会员；个人会员、单位会员混合组成的，会员总数不得少于50个；

（二）有规范的名称和相应的组织机构；

（三）有固定的住所；

（四）有与其业务活动相适应的专职工作人员；

（五）有合法的资产和经费来源，全国性的社会团体有10万元以上活动资金，地方性的社会团体和跨行政区域的社会团体有3万元以上活动资金；

（六）有独立承担民事责任的能力。

社会团体的名称应当符合法律、法规的规定，不得违背社会道德风尚。社会团体的名称应当与其业务范围、成员分布、活动地域相一致，准确反映其特征。全国性的社会团体的名称冠以“中国”“全国”“中华”等字样的，应当按照国家有关规定经过批准，地方性的社会团体的名称不得冠以“中国”“全国”“中华”等字样。

第十一条 申请登记社会团体，发起人应当向登记管理机关提交下列文件：

（一）登记申请书；

（二）业务主管单位的批准文件；

（三）验资报告、场所使用权证明；

（四）发起人和拟任负责人的基本情况、身份证明；

（五）章程草案。

第十二条 登记管理机关应当自收到本条例第十一条所列全部有效文件之日起60日内，做出准予或者不予登记的决定。准予登记的，发给《社会团体法人登记证书》；不予登记的，应当向发起人说明理由。

社会团体登记事项包括：名称、住所、宗旨、业务范围、活动地域、法定代表人、活动资金和业务主管单位。

社会团体的法定代表人，不得同时担任其他社会团体的法定代表人。

第十三条　有下列情形之一的，登记管理机关不予登记：

（一）有根据证明申请筹备的社会团体的宗旨、业务范围不符合本条例第四条的规定的；

（二）在同一行政区域内已有业务范围相同或者相似的社会团体，没有必要成立的；

（三）发起人、拟任负责人正在或者曾经受到剥夺政治权利的刑事处罚，或者不具有完全民事行为能力的；

（四）在申请登记时弄虚作假的；

（五）有法律、行政法规禁止的其他情形的。

第十四条　社会团体的章程应当包括下列事项：

（一）名称、住所；

（二）宗旨、业务范围和活动地域；

（三）会员资格及其权利、义务；

（四）民主的组织管理制度，执行机构的产生程序；

（五）负责人的条件和产生、罢免的程序；

（六）资产管理和使用的原则；

（七）章程的修改程序；

（八）终止程序和终止后资产的处理；

（九）应当由章程规定的其他事项。

第十五条　依照法律规定，自批准成立之日起即具有法人资格的社会团体，应当自批准成立之日起60日内向登记管理机关提交批准文件，申领《社会团体法人登记证书》。登记管理机关自收到文件之日起30日内发给《社会团体法人登记证书》。

第十六条　社会团体凭《社会团体法人登记证书》申请刻制印章，开立银行账户。社会团体应当将印章式样和银行账号报登记管理机关备案。

第十七条　社会团体的分支机构、代表机构是社会团体的组成部分，不具有法人资格，应当按照其所属于的社会团体的章程所规定的宗旨和业务范围，在该社会团体授权的范围内开展活动、发展会员。社会团体的分支机构不得再设立分支机构。

社会团体不得设立地域性的分支机构。

第四章　变更登记、注销登记

第十八条　社会团体的登记事项需要变更的，应当自业务主管单位审查同意之日起30日内，向登记管理机关申请变更登记。

社会团体修改章程，应当自业务主管单位审查同意之日起30日内，报登记管理机关核准。

第十九条　社会团体有下列情形之一的，应当在业务主管单位审查同意后，向登记管理机关申请注销登记：

（一）完成社会团体章程规定的宗旨的；

（二）自行解散的；

（三）分立、合并的；

（四）由于其他原因终止的。

第二十条　社会团体在办理注销登记前，应当在业务主管单位及其他有关机关的指导下，成立清算组织，完成清算工作。清算期间，社会团体不得开展清算以外的活动。

第二十一条　社会团体应当自清算结束之日起15日内向登记管理机关办理注销登记。办理注销登记，应当提交法定代表人签署的注销登记申请书、业务主管单位的审查文件和清算报告书。

登记管理机关准予注销登记的，发给注销证明文件，收缴该社会团体的登记证书、印章和财务凭证。

第二十二条　社会团体处分注销后的剩余财产，按照国家有关规定办理。

第二十三条　社会团体成立、注销或者变更名称、住所、法定代表人，由登记管理机关予以公告。

第五章　监督管理

第二十四条　登记管理机关履行下列监督管理职责：

（一）负责社会团体的成立、变更、注销的登记；

（二）对社会团体实施年度检查；

（三）对社会团体违反本条例的问题进行监督检查，对社会团体违反本条例的行为给予行政处罚。

第二十五条　业务主管单位履行下列监督管理职责：

（一）负责社会团体成立登记、变更登记、注销登记前的审查；

（二）监督、指导社会团体遵守宪法、法律、法规和国家政策，依据其章程开展活动；

（三）负责社会团体年度检查的初审；

（四）协助登记管理机关和其他有关部门查处社会团体的违法行为；

（五）会同有关机关指导社会团体的清算事宜。

业务主管单位履行前款规定的职责，不得向社会团体收取费用。

第二十六条　社会团体的资产来源必须合法，任何单位和个人不得侵占、私分或者挪用社会团体的资产。

社会团体的经费，以及开展章程规定的活动按照国家有关规定所取得的合法收入，必须用于章程规定的业务活动，不得在会员中分配。

社会团体接受捐赠、资助，必须符合章程规定的宗旨和业务范围，必须根据与捐赠人、资助人约定的期限、方式和合法用途使用。社会团体应当向业务主管单位报告接受、使用捐赠、资助的有关情况，并应当将有关情况以适当方式向社会公布。

社会团体专职工作人员的工资和保险福利待遇，参照国家对事业单位的有关规定执行。

第二十七条　社会团体必须执行国家规定的财务管理制度，接受财政部门的监督；资产来源属于国家拨款或者社会捐赠、资助的，还应当接受审计机关的监督。

社会团体在换届或者更换法定代表人之前，登记管理机关、业务主管单位应当组织对其进行财务审计。

第二十八条 社会团体应当于每年3月31日前向业务主管单位报送上一年度的工作报告，经业务主管单位初审同意后，于5月31日前报送登记管理机关，接受年度检查。工作报告的内容包括：本社会团体遵守法律法规和国家政策的情况、依照本条例履行登记手续的情况、按照章程开展活动的情况、人员和机构变动的情况以及财务管理的情况。

对于依照本条例第十七条的规定发给《社会团体法人登记证书》的社会团体，登记管理机关对其应当简化年度检查的内容。

第六章 罚 则

第二十九条 社会团体在申请登记时弄虚作假，骗取登记的，或者自取得《社会团体法人登记证书》之日起1年未开展活动的，由登记管理机关予以撤销登记。

第三十条 社会团体有下列情形之一的，由登记管理机关给予警告，责令改正，可以限期停止活动，并可以责令撤换直接负责的主管人员；情节严重的，予以撤销登记；构成犯罪的，依法追究刑事责任：

（一）涂改、出租、出借《社会团体法人登记证书》，或者出租、出借社会团体印章的；

（二）超出章程规定的宗旨和业务范围进行活动的；

（三）拒不接受或者不按照规定接受监督检查的；

（四）不按照规定办理变更登记的；

（五）违反规定设立分支机构、代表机构，或者对分支机构、代表机构疏于管理，造成严重后果的；

（六）从事营利性的经营活动的；

（七）侵占、私分、挪用社会团体资产或者所接受的捐赠、资助的；

（八）违反国家有关规定收取费用、筹集资金或者接受、使用捐赠、资助的。

前款规定的行为有违法经营额或者违法所得的，予以没收，可以并处违法经营额1倍以上3倍以下或者违法所得3倍以上5倍以下的罚款。

第三十一条　社会团体的活动违反其他法律、法规的，由有关国家机关依法处理；有关国家机关认为应当撤销登记的，由登记管理机关撤销登记。

第三十二条　筹备期间开展筹备以外的活动，或者未经登记，擅自以社会团体名义进行活动，以及被撤销登记的社会团体继续以社会团体名义进行活动的，由登记管理机关予以取缔，没收非法财产；构成犯罪的，依法追究刑事责任；尚不构成犯罪的，依法给予治安管理处罚。

第三十三条　社会团体被责令限期停止活动的，由登记管理机关封存《社会团体法人登记证书》、印章和财务凭证。

社会团体被撤销登记的，由登记管理机关收缴《社会团体法人登记证书》和印章。

第三十四条　登记管理机关、业务主管单位的工作人员滥用职权、徇私舞弊、玩忽职守构成犯罪的，依法追究刑事责任；尚不构成犯罪的，依法给予行政处分。

第七章　附　则

第三十五条　《社会团体法人登记证书》的式样由国务院民政部门制定。

对社会团体进行年度检查不得收取费用。

第三十六条　本条例施行前已经成立的社会团体，应当自本条例施行之日起1年内依照本条例有关规定申请重新登记。

第三十七条　本条例自发布之日起施行。1989年10月25日国务院发布的《社会团体登记管理条例》同时废止。

来源：中华人民共和国民政部网站

附录4　中华人民共和国农民专业合作社法（修订草案）（2018年）

第一章　总　则

第一条　为了规范农民专业合作社的组织和行为，支持、引导、促进农民专业合作社的发展，保护农民专业合作社及其成员的合法权益，推动农业和农村经济的发展，制定本法。

第二条　本法所称农民专业合作社，是指在农村家庭承包经营基础上，农产品的生产经营者或者农业生产经营服务的提供者、利用者，自愿联合、民主管理的互助性经济组织。

农民专业合作社以其成员为主要服务对象，开展以下一种或者多种业务：

（一）农业生产资料的购买、使用；

（二）农产品的生产、销售、加工、运输、贮藏及其他相关服务；

（三）农村民间工艺及制品、休闲农业和乡村旅游资源的开发经营等；

（四）与农业生产经营有关的设施建设运营、技术、信息等服务。

第三条　农民专业合作社应当遵循下列原则：

（一）以农民为主体；

（二）以服务成员为宗旨，谋求全体成员的共同利益；

（三）入社自愿、退社自由；

（四）成员地位平等，实行民主管理；

（五）盈余主要按照成员与农民专业合作社的交易量（额）比例返还。

第四条　农民专业合作社依照本法登记，取得法人资格。

农民专业合作社对由成员出资、公积金、国家财政直接补助、他人捐赠以及合法取得的其他资产所形成的财产，享有占有、使用、收益和处分的权利，并以上述财产对债务承担责任。

第五条　农民专业合作社成员以其账户内记载的出资额和公积金份额为限对农民专业合作社承担责任。

第六条　国家保护农民专业合作社及其成员的合法权益，任何单位和个人不得侵犯。

第七条　农民专业合作社从事生产经营活动，应当遵守法律、法规，遵守社会公德、商业道德，诚实守信。

第八条　农民专业合作社为扩大生产经营和服务的范围、规模，提高市场竞争力，可以依法自愿设立或者加入农民专业合作社联合社。

第九条　国家通过财政支持、税收优惠和金融、科技、人才的扶持以及产业政策引导等措施，促进农民专业合作社的发展。

国家鼓励和支持公民、法人和其他组织为农民专业合作社提供帮助和服务。

国家鼓励对发展农民专业合作社事业做出突出贡献的单位和个人按照国家有关规定予以表彰和奖励。

第十条　县级以上各级人民政府应当建立农民专业合作社工作的综合协调机制，统筹指导、协调、推动农民专业合作社的建设和发展。各级农业行政主管部门、其他有关部门和组织依据各自职责，对农民专业合作社的建设和发展给予指导、扶持和服务。

第二章　设立和登记

第十一条　设立农民专业合作社，应当具备下列条件：

（一）有五名以上符合本法第十八条、第十九条规定的成员；

（二）有符合本法规定的章程；

（三）有符合本法规定的组织机构；

（四）有符合法律、行政法规规定的名称和章程确定的住所；

（五）有符合章程规定的成员出资。

第十二条 农民专业合作社成员可以用货币出资，也可以用实物、知识产权、土地经营权、林权等可以用货币估价并可以依法转让的非货币财产向农民专业合作社作价出资；但是，法律、行政法规规定不得作为出资的财产除外。

农民专业合作社成员不得以对该社或者其他成员的债权，充抵出资；不得以缴纳的出资，抵销对该社或者其他成员的债务。

第十三条 设立农民专业合作社，应当召开由全体设立人参加的设立大会。设立时自愿成为该社成员的人为设立人。

设立大会行使下列职权：

（一）通过本社章程，章程应当由全体设立人一致通过；

（二）选举产生理事长、理事、执行监事或者监事会成员；

（三）审议其他重大事项。

第十四条 农民专业合作社章程应当载明下列事项：

（一）名称和住所；

（二）业务范围；

（三）成员资格及入社、退社和除名；

（四）成员的权利和义务；

（五）组织机构及其产生办法、职权、任期、议事规则；

（六）成员的出资方式、出资额，成员出资的退出、转让、继承、担保；

（七）财务管理和盈余分配、亏损处理、债务承担；

（八）章程修改程序；

（九）解散事由和清算办法；

（十）公告事项及发布方式；

（十一）需要规定的其他事项。

第十五条 设立农民专业合作社，应当向工商行政管理部门提交下列文件，申请设立登记：

（一）登记申请书；

（二）全体设立人签名、盖章的设立大会纪要；

（三）全体设立人签名、盖章的章程；

（四）法定代表人、理事的任职文件及身份证明；

（五）出资成员签名、盖章的出资清单；

（六）住所使用证明；

（七）法律、行政法规规定的其他文件。

登记机关应当自受理登记申请之日起二十日内办理完毕，向符合登记条件的申请者颁发营业执照，登记类型为农民专业合作社。

农民专业合作社法定登记事项变更的，应当申请变更登记。

农民专业合作社登记办法由国务院规定。办理登记不得收取费用。

第十六条　农民专业合作社应当按照国家有关规定，向登记机关报送年度报告，并向社会公示。

第十七条　农民专业合作社连续两年未从事经营活动，或者连续三年未报送年度报告的，吊销其营业执照。

第三章　成　员

第十八条　具有完全民事行为能力的公民，以及从事与农民专业合作社业务直接有关的生产经营活动的企业、事业单位或者社会组织，能够利用农民专业合作社提供的服务，承认并遵守农民专业合作社章程，履行章程规定的入社手续的，可以成为农民专业合作社的成员。但是，具有管理公共事务职能的单位不得加入农民专业合作社。

农民专业合作社应当置备成员名册，并报登记机关。

境外机构、个人在境内投资的企业，或者设立的分支机构加入农民专业合作社应当遵守法律、法规等国家有关规定。

第十九条　农民专业合作社的成员中，农民至少应当占成员总数的百分之八十。

成员总数二十人以下的，可以有一个企业、事业单位或者社会组织成员；成员总数超过二十人的，企业、事业单位和社会组织成员不得超过成员总数的百分之五。

第二十条 农民专业合作社成员享有下列权利：

（一）参加成员大会，并享有表决权、选举权和被选举权，按照章程规定对本社实行民主管理；

（二）利用本社提供的服务和生产经营设施；

（三）按照章程规定或者成员大会决议分享盈余；

（四）查阅本社的章程、成员名册、成员大会或者成员代表大会记录、理事会会议决议、监事会会议决议、财务会计报告和会计账簿；

（五）章程规定的其他权利。

第二十一条 农民专业合作社成员大会选举和表决，实行一人一票制，成员各享有一票的基本表决权。

出资额或者与本社交易量（额）较大的成员按照章程规定，可以享有附加表决权。本社的附加表决权总票数，不得超过本社成员基本表决权总票数的百分之二十。享有附加表决权的成员及其享有的附加表决权数，应当在每次成员大会召开时告知出席会议的全体成员。

第二十二条 农民专业合作社成员承担下列义务：

（一）执行成员大会、成员代表大会和理事会的决议；

（二）按照章程规定向本社出资；

（三）按照章程规定与本社进行交易；

（四）按照章程规定承担亏损；

（五）章程规定的其他义务。

第二十三条 符合本法第十八条、第十九条规定的公民、企业、事业单位或者社会组织，申请加入已成立的农民专业合作社，应当提出书面申请，经理事会审查同意，并报告成员大会或者成员代表大会批准后，具备成员资格。

第二十四条 农民专业合作社成员要求退社的，应当在会计年度终了的三个月前向理事长或者理事会提出书面申请；其中，企业、事业单位或者社会组织成员退社，应当在会计年度终了的六个月前提出；章程另有规定的，从其规定。退社成员的成员资格自会计年度终了时终止。

第二十五条　农民专业合作社成员有下列情形之一的，应当予以除名：

（一）违反本法规定的事项；

（二）不遵守农民专业合作社的章程、成员大会或者成员代表大会的决议；

（三）其他危害成员及农民专业合作社利益的行为。

成员的除名，应当经理事、监事联席会议全体理事、监事三分之二以上出席，出席的理事、监事三分之二以上通过，并报告成员大会或者成员代表大会批准后，注销其成员资格。

在实施前款规定时，应当在召开理事、监事联席会议十五日之前通知该成员，并为该成员提供在召开会议时陈述意见的机会。

被除名成员的成员资格自会计年度终了时终止。

第二十六条　成员在其资格终止前与农民专业合作社已订立的合同，应当继续履行；章程另有规定或者与本社另有约定的除外。

第二十七条　成员资格终止的，农民专业合作社应当按照章程规定的方式和期限，退还记载在该成员账户内的出资额和公积金份额；对成员资格终止前的可分配盈余，依照本法第四十四条的规定向其返还。

资格终止的成员应当按照章程规定分摊资格终止前本社的亏损及债务。

来源：新华网

参考文献

[1] 马克思．资本主义生产以前各形态[M]．北京：人民出版社，1956.

[2] [美] 约翰·罗尔斯．正义论[M]．何怀宏，等，译．北京：中国社会科学出版社，1988.

[3] [美] 约翰·罗尔斯．作为公平的正义[M]．上海：上海三联书店，2002.

[4] 胡叔宝著．契约政府的契约规则[M]．北京：中国社会科学出版社，2004 .

[5] 余晖．谁来管制管制者[M]．广州：广东经济出版社，2004.

[6] 易宪容．交易行为与合约选择[M]．经济科学出版社，1998.

[7] [新西兰] 穆雷·霍恩．公共管理的政治经济学[M]．北京：中国青年出版社，2004 .

[8] 孙学玉．企业型政府论[M]．北京：社会科学文献出版社，2005.

[9] [德] 柯武刚，史漫飞．制度经济学[M]．北京：商务印书馆，2000.

[10] 袁峰．制度变迁与稳定[M]．上海：复旦大学出版社，1999.

[11] 顾颖．制度与发展[M]．北京：科学出版社，2004.

[12] 傅殷才．制度经济学派[M]．武汉：武汉出版社，1995 .

[13] 麦克尼尔．新社会契约论[M]．北京：中国政法大学出版社，1994.

[14] [英] 迈克尔·莱斯诺夫，等．社会契约论[M]．南京：江苏人民出版社，2005.

[15] [美] 约翰·克莱顿·托马斯．公共决策中的公民参与：公共管理者的新技能与新策略[M]．北京：中国人民大学出版社，2005.

[16] 诺斯．财产权利与制度变迁[M]．上海：上海三联书店，1991.

[17] 翟鸿祥．行业协会发展理论与实践[M]．北京：经济科学出版社，2003 .

[18] 贾西津，沈恒超，胡文安，等．转型时期的行业协会——角色、功能与管理体制[M]．北京：社会科学文献出版社，2004 .

[19] 肯·宾默尔．博弈论与社会契约——公平博弈[M]．上海：上海财经大学出版

社 2004.

[20] 顾颖．制度与发展——基于国家与企业维度的研究[M]．科学出版社，2004．

[21] 魏志春．公共事业管理[M]．上海：上海教育出版社，2004.

[22] [美] 文森特・奥斯特罗姆．美国公共行政的思想危机[M]．上海：上海三联书店，1999.

[23] 商红日．政府基础论[M]．北京：经济日报出版社，2002.

[24] [美] 马克・E・沃伦．民主与信任[M]．北京：华夏出版社，2004.

[25] [波兰] 彼得・什托姆普卡．信任——一种社会学理论[M]．北京：中华书局，2005.

[26] 张维迎．信息、信任与法律[M]．上海：三联书店，2003．

[27] 张维迎．博弈论与信息经济学[M]．上海：上海人民出版社，1996．

[28] 张维迎．产权、政府与信誉[M]．上海：三联书店，2001．

[29] 张维迎．企业的企业家——契约理论[M]．上海：上海人民出版社，1995.

[30] [英] 莫里斯．詹姆斯・莫里斯论文精选——非对称信息下的激励理论[M]．张维迎编．北京：商务印书馆，1997．

[31] 张缨．信任、契约及其规制——转型期中国企业间信任关系及结构重组研究[M]．北京：经济管理出版社，2004.

[32] 石晓军，陈殿左．信用治理：文化、流程与工具[M]．北京：机械工业出版社，2004．

[33] 刘光明．企业信用[M]．北京：经济管理出版社，2003.

[34] 李珍刚．当代中国政府与非营利组织互动关系研究[M]．北京：中国社会科学出版社，2004．

[35] [美] 朱莉・费希尔．NGO 与第三世界的政治发展[M]．北京：社会科学文献出版社，2002.

[36] 蔡磊．非营利组织基本法律制度研究[M]．李昌麒主编．厦门：厦门大学出版社，2005.

[37] 北京新华信商业风险管理有限责任公司译校．非营利组织管理[M]．北京：中国人民大学出版社，2004.

[38] 张霞，张智河，李恒光．非营利组织管理[M]．山东：山东人民出版社，2004.

[39] 王名．清华发展研究报告 2003——中国非政府公共部门[M]．北京：清华大学出

版社，2004 .
[40] [美] 保罗·R. 尼文（Paul R. Niven）. 政府与非营利组织平衡计分卡[M]. 胡玉明，等，译. 北京：中国财政经济出版社，2004.
[41] 黎军. 行业协会的行政法问题研究[M]. 北京：北京大学出版社，2002.
[42] 任进. 政府组织与非政府组织——法律实证和比较分析的视角[M]. 济南：山东人民出版社，2003.
[43] 莱斯特·M. 萨拉蒙. 全球公民社会——非营利部门视界[M]. 北京：社会科学文献出版社，2002.
[44] 王方华，周洁如. 非营利组织营销[M]. 上海：上海交通大学出版社，2005.
[45] 史景星. 行业协会概论[M]. 上海：复旦大学出版社，1989.
[46] 陈清泰. 商会发展与制度规范[M]. 中国经济出版社，1995.
[47] [美] 埃莉诺·奥斯特罗姆. 公共事物的治理之道：集体行动制度的演进[M]. 上海：上海三联出版社，2000.
[48] 陈剩勇，汪锦军，马斌. 组织化、自主治理与民主[M]. 北京：中国社会科学出版社，2004.
[49] 吴东民，董西明. 非营利组织管理[M]. 北京：中国人民大学出版社，2003.
[50] 秦庆武. 中国农村组织与制度的新变迁——农村新型合作经济发展探索[M]. 北京：中国城市出版社，2001.
[51] [美] R. 科斯 A. 阿尔钦 D. 诺斯，等. 财产权利与制度变迁——产权学派与新制度学派译文集[M]. 上海：上海三联书店、上海人民出版社，1994.
[52] 张晓山，等. 联结农户与市场——中国农民中介组织探究[M]. 北京：中国社会科学出版社，2002.
[53] 徐旭初. 中国农民专业合作经济组织的制度分析[M]. 北京：经济科学出版社，2005.
[54] 鲁篱. 协会经济自治权研究[M]. 北京：法律出版社，2003.
[55] 俞可平. 政治与政治学[M]. 北京：社会科学文献出版社，2003.
[56] [美] 曼瑟尔·奥尔森. 集体行动的逻辑[M]. 上海：上海三联书店、上海人民出版社，1995.
[57] 张德. 组织行为学[M]. 北京：高等教育出版社，1997.
[58] 邓国胜. 非营利组织评估[M]. 北京：社会科学文献出版社，2001.

[59] 周志忍，陈庆云．自律与他律——第三部门监督机制个案研究[M]．浙江：浙江人民出版社，1999.

[60] 柯武刚，史漫飞．制度经济学——社会制度与公共政策[M]．北京：商务出版社，2000.

[61] 庞晓鹏．中国农村民间合作服务组织研究[M]．北京：中国农业科技出版社，1999.

[62] 王景新．乡村新型合作经济组织崛起[M]．北京：中国经济出版社，2005.

[63] 程同顺．中国农民组织化研究初探[M]．天津：天津人民出版社，2003.

[64] 蔡嗥琦．协会、制衡与政府信誉[J]．《经济评论》，2004（1）.

[65] 王天雨．信用管理体系建设与行业协会发展研究[J]．经济问题，2004（6）.

[66] 何俊峻．行业协会产生与发展的经济分析[J]．生产力研究，2004（4）.

[67] 刘斌，杨浩．我国行业协会的性质和功能研究——从交易成本和规制角度分析[J]．上海管理科学，2003（4）.

[68] 曹云千．从新制度经济学角度看当前我国行业协会的发展[J]．中共浙江省委党校学报，2004（4）.

[69] 刘红，蔡志良．市场失灵：行业协会存在的经济学解释[J]．经济师，2005（1）.

[70] 张新文，谢焕文．论行业协会的组织性质[J]．广西民族学院学报（社科版），2004（3）.

[71] 李丕仕．以行业协会为依托的信息服务成本效益分析[J]．情报杂志，2003（12）.

[72] 胡浩志，王玲．政府职能的转变与行业协会的建立[J]．经济论坛，2004（20）.

[73] 刘洋，张琳．中国行业协会与政府关系的重塑[J]．江苏商论，2004（5）.

[74] 马敏．论新时期政府、商会和民营企业的新型关系[J]．江汉论坛，2004（5）.

[75] 陈兆忠．浅谈政府与行业协会的关系[J]．上海企业，2004（8）.

[76] 张冉燃，杨琳．行业协会：为信用搭建桥梁[J]．瞭望新闻周刊，2003（34）.

[77] 朱志兵．行业协会的企业诚信体系的初步构建[J]．管理现代化，2004（4）.

[78] 张良，吴强玲，叶海平．论我国行业协会的重组模式、治理结构和政策创新[J]．华东理工大学学报（社科版），2004（1）.

[79] 黄晓军．试析我国行业协会的制度变迁[J]．福建行政学院经济管理干部学院学

报，2003（1）.

[80] 常敏．转型期我国行业协会制度变迁路径和环境因素的思考——浙江省温杭等地调研分析[J]．中共浙江省委党校学报，2004（1）.

[81] 陈文椿，张稷锋．关于我国行业协会发展前途问题的探讨[J]．南方经济，2004（6）.

[82] 刘茵静，方敏．我国行业协会的自养之路——关于借鉴德国行业协会模式的思考[J]．理论观察，2004（1）.

[83] 安蓉泉．行业协会发展面临的主要问题和政策建议[J]．中共杭州市委党校学报，2004（1）.

[84] 朱根发．美国行业协会运作特点及对我国的启示[J]．现代商贸工业，2004（4）.

[85] 刘水泉．澳大利亚行业协会给我们的启示[J]．首都经济杂志，2003（6）.

[86] 胡贤政，汪祖伟．第三部门的社会功能[J]．论坛，2004（1）.

[87] 熊跃根．转型经济国家中的“第三部门”发展：对中国现实的解释[J]．社会学研究，2001，（1）.

[88] 李建英．关于中国商业协会若干问题的探讨[J]．内蒙古财经学院学报，2004（1）.

[89] 刘凤军，等．基于行业组织的行业管理的实证研究[J]．北京行政学院学报，2004（3）.

[90] 杨益民．论行业协会在国际贸易中的功能[J]．江苏商论，2004（5）.

[91] 张亮．行业协会发展模式的探讨[J]．社会研究，2004（4）.

[92] 张婧．行业协会应对反倾销的作用及其提升对策[J]．福建行政学院学报，2004（2）.

[93] 吴宗祥．行业协会治理：地位、权力与驱动机制[J]．学会月刊，2004（6）.

[94] 苏涛．当前我国商会（行业协会）发展的几个重要障碍[J]．当代财经，2004（7）.

[95] 宋子慧．行业协会概念新探[J]．中国工商管理研究，2003（2）.

[96] 张海鸿．在政府与社会之间——行业协会的由来[J]．团结，2004（3）.

[97] 王敏．论我国行业协会的绩效管理[J]．天府新论，2004（3）.

[98] 沈恒超．发展行业协会的必要性和紧迫性[J]．中国行政管理，2003（3）.

[99] 曹篱．论非法律惩罚——以行业协会为中心展开的研究[J]．河北大学学报，2004（5）．

[100] 李庆玉，干勤．论行业声誉管理[J]．重庆商学院学报，2001（5）．

[101] 阚丽萍．从我国政府职能转变的角度看行业协会的重要性[J]．科技进步与对策，2003（8）．

[102] 王名．中国的非政府公共部门(上）[J]．中国行政管理，2001（5）．

[103] 张旭霞．现代政府信用及其建构的对策性分析[J]．南京社会科学，2002（2）．

[104] 张宇钟．行政诚信与公共行政关系研究[J]．上海行政学院学报，2005（6）．

[105] 夏若江．基于信任的品牌绩效分析[J]．科学、经济、社会，2005（3）．

[106] 岳建能，房尚文．交易成本信用制度与政府作用[J]．政策研究，2002（11）．

[107] 王青原．信任与公共性[J]．河北学刊，2005（7）．

[108] 杜学中．政府的市场化——西方公共行政改革的基本价值取向[J]．云南行政学院学报，2001（1）．

[109] 钱晴，裘铮，容志．政府信用：对一种新解释范式的理论探索[J]．湖北社会科学，2003（5）．

[110] 周毅之．全球化进程与公民对政府的信任投入[J]．江海学刊，2001（1）．

[111] 范柏乃，金明路，程宏伟．我国政府信用问题研究[J]．学习论坛，2005（2）．

[112] 陈国华．重复博弈：走出信用建设“囚徒困境”的必由之路[J] //中国经济教育科研网.

[113] 费广胜，陈伟．政府信用的经济学思考[J]．管理现代化，2003（6）．

[114] 路洪卫．信用博弈分析与政府信用建设[J]．湖北社会科学，2003（11）．

[115] 杨维荣，毕霞．从委托代理角度看政府信用[J]．前沿，2004（6）．

[116] 范柏乃，金明路，程宏伟．我国地方政府信用水平的实证调查[J]．行政与法，2005（1）．

[117] 张成福，孟庆存．重建政府与公民的信任关系——西方国家的经验[J]．国家行政学院学报，2003（3）．

[118] 句华．政治学视野中的政府信用[J]．国家行政学院学报，2005（2）．

[119] 程倩．政府信任关系：概念、现状与重构[J]．探索，2004（3）．

[120] 蒋仁国，等．政府行为的博弈分析[J]．云南财贸学院学报，2004（2）．

[121] 仁敏．政府行为与博弈[J]．武汉大学学报，2001（5）．

[122] 王性玉，薛来义．寻租理论三方博弈模型分析[J]．财经问题研究，2001 (11).
[123] 刘凌波．我国政府行为的博弈分析[J]．数量经济技术经济研究，2003 (1).
[124] 郑伟林．论信息经济学中的委托代理问题[J]．蒙自师范高等专科学校学报，2002 (8).
[125] 戴中亮．委托代理理论评述[J]．商业研究，2004 (19).
[126] 丁振国，段平忠．委托——代理中权钱交易的微观分析[J]．理论月刊，2001 (4).
[127] 史贤华，秦历陈．不对称信息条件下：契约的执行与信用关系分析[J]．滁洲师专学报，2003 (5).
[128] 仲伟周．公共权力的寻租行为分析及政策含义[J]．山西财经大学学报，1996 (6).
[129] 张维武．企业委托——代理关系中代理人的寻租行为分析[J]．http：//www.jjxj.com.cn/news_ detail.jsp？keyno=805.
[130] 徐淑芳．信任、社会资本与经济绩效[J]．学习与探索，2005 (5).
[131] 张克中，郭熙保．社会资本与经济发展：理论与展望[J]．当代财经，2004 (9).
[132] 刘光友，任虹．诚信与社会资本的企业研究[J]．商业研究，2004 (10).
[133] 张克中．社会资本、诚信与湖北经济发展[J]．华中科技大学学报，2005 (5).
[134] 叶国文．社会资本及局限[J]．广西民族学院学报，2004 (7).
[135] 王玉明．论政府的制度创新职能——从新制度经济学的视角分析[J]．中国行政管理，2001 (5).
[136] 赵斌．论制度创新问题[J]．理论学刊，2002 (5).
[137] 李立增．制度、制度创新及中国的改革[J]．云南社会科学，2002 (2).
[138] 殷德生．制度创新的一般理论：逻辑、模型与扩展[J]．经济评论，2003 (6).
[139] 张文泉，高玉君．制度创新新探[J]．华北电力大学学报，2001 (2).
[140] 李文涛，苏琳．制度创新理论研究述评[J]．经济纵横，2001 (11).
[141] 黄新华．制度创新的经济学理论[J]．理论学刊，2004 (1).
[142] 武端玲．归属清晰：建立现代产权制度关键之所在[J]．决策探索，2005 (11).
[143] 仲志远．政府与企业产权之争如何了结[J]．MARKETS，2005 (11).
[144] 尹万姣，刘秋霞．试论现代产权制度对信用制度的支持[J]．河南商业高等专科

学校学报，2005（1）.

[145] 蒲国蓉，李轩．产权，市场交易的基础——关于产权的理论综述[J]．特区经济，2005（5）.

[146] 马俊英．科斯的产权理论与中国产权改革实践[J]．现代经济探讨，2005（6）.

[147] 任晋阳，柏长青．论农村专业技术协会及其技术推广功能[J]．农业技术经济，1997（3）.

[148] 田艳，周艳春．网络组织的动因及类型研究[J]．山西高等学校社会科学学报，2003（9）.

[149] 陈剩勇．温州民间商会：一个制度分析学的视角[J]．浙江大学学报，2003（3）.

[150] 曾维和．非营利组织治理中的综合监督机制探讨[J]．兰州学刊，2004（3）.

[151] 张旭锋．当代发达国家农业合作经济探析[J]．农村合作经济经营管理，2003（1）.

[152] 潘劲．农产品行业协会的治理机制分析[J]．中国农村观察，2005（5）.

[153] 郭红东．我国农户参与订单农业行为的影响因素分析[J]．中国农村经济，2005（3）.

[154] 高伟．我国发展农村合作经济组织的必要性和模式选择[J]．南方经济，2002（8）.

[155] 黄祖辉．农民合作：必然性、变革态势与启示[J]．中国农村经济，2000（8）.

[156] 张旭昆．组织形成的条件[J]．浙江大学学报(人文社会科学版)，2004（6）.

[157] 倪建伟，王景新．中国农民组织建设的现状分析与趋势预测[J]．农村经济，2005（8）.

[158] 管爱华．当代中国农民的合作伦理刍议[J]．江西师范大学学报(哲学社会科学版)，2003（9）.

[159] 王静．农民专业合作经济组织的法律地位分析[J]．农村经济，2005（9）.

[160] 黄祖辉，胡剑锋．国外农业行业协会的发展、组织制度及其启示[J]．农业经济问题，2002（10）.

[161] 潘劲．农产品行业协会发展中的政府行为分析[J]．中国农村观察，2004（6）.

[162] 郭晓鸣，曾旭辉．农民合作组织发展与地方政府的角色[J]．中国农村经济，2005（6）.

[163] 潘劲．农产品行业协会发展中的政府行为分析[J]．中国农村观察，2005（1）．
[164] 傅夏仙．农业产业化经营中的问题与制度创新[J]．浙江大学学报(人文社会科学版)，2004（5）．
[165] 孙国强．网络组织治理机制研究[D]．南开大学博士学位论文，2004．
[166] 章显显．温州行业协会制度治理机制的制度变迁[D]．中国人民大学硕士学位论文，2004．
[167] 甘思德．行业协会的游说行为及其影响因素分析[J]．经济社会体制比较，2012（7）．
[168] 李秀峰，曾文远．行业协会对政策形成的影响[J]．国家行政学院学报，2006（3）．
[169] 陈建国．行业性社会组织推动区域创新发展的作用思考——以中关村的经验为例[J]．理论探索，2014（5）．
[170] 鲍步云．奥斯特罗姆自治组织理论的研究进展及其出路[J]．江淮论坛，2016（4）．
[171] 郁建兴，周俊，沈永东，何宾．后双重管理体制时代的行业协会商会发展[J]．浙江商会科学，2013（12）．
[172] 胡辉华，陈楚烽，郑妍．后双重管理体制时代的行业协会如何成长发展？——以广东省物流行业协会为例[J]．公共行政评论，2016（4）．
[173] 谢超．政府与行业协会关系中存在的问题和对策——以湖北省防雷协会为例[D]．华中师范大学硕士论文，2016．
[174] 周颖．行业协会与行政机关脱钩背景下地方性行业协会面临的挑战研究[D]．南京师范大学硕士论文，2017．
[175] 郭小聪，宁超．互益性依赖：国家与社会“双向运动”的新思路——基于我国行业协会发展现状的一种解释[J]．学术界，2017（4）．
[176] 张宏，叶敏．国内外行业协会职能研究综述及展望[J]．浙江理工大学学报(社会科学版)，2018（1）．
[177] 陈思伶．基于国家治理体系现代化的行业协会角色定位研究[D]．上海师范大学硕士论文，2015．
[178] 石碧涛．转型时期中国行业协会治理研究[D]．暨南大学博士论文，2011．
[179] 郝兵兵．当代中国行业协会的治理问题研究[D]．首都经贸大学硕士论

文，2014.

[180] 蔡斯敏．现代社会治理下的行业协会行动逻辑研究——基于中关村地区 X 组织的案例分析[J]．中共福建省委党校学报，2015（1）.

[181] 于显洋，蔡斯敏．多元合作何以实现——现代社会治理下的行业协会行动机制[J]．哈尔滨工业大学学报，2015（2）.

[182] 唐兴军．嵌入性治理——国家与社会关系视阈下的行业协会研究[D]．华东师范大学博士论文，2016.

[183] 于晓乐．行业协会理事会治理研究[D]．华东师范大学硕士论文，2017.

[184] 徐丹凤．论我国行业协会信用缺失问题的法律治理[D]．河北经贸大学硕士论文，2015.

[185] 汪火根．行业自组织视角下的行业信用治理研究[D]．南京大学博士论文，2016.

[186] 郭薇．以培育行业协会商会公信力为抓手应对“脱钩”挑战[R]．中国社会报，2016-9-002.

[187] 黎晴．行业协会公信力建设研究——以广东省钟表行业协会为例[D]．华南理工大学硕士论文，2018.

[188] Oliver E. Williamson.（1975）. Markets and hierarchies：Analysis and antitrust implications. The Free Press.

[189] Kreps，David，（1990）. Corporate Culture and Economic Theory，In Perspectives on Positive Political Economy，edited by James Alt and Kenneth Shepsle. Cambridge University Press，90-143.

[190] Lewis，J. D.，& Weigert，A.（1985）. Trust as a social reality. Social forces，63（4），967-985.

[191] Uslaner，E. M.（2002）. The moral foundations of trust. Cambridge University Press.

[192] Golembiewski，R. T.，& McConkie，M.（1975）. The centrality of interpersonal trust in group processes. Theories of group processes，131，185.

[193] Kramer，R. M.，& Tyler，T. R.（1996）. Trust in organizations：Frontiers of theory and research：Sage.

[194] Rotter，J. B.（1980）. Interpersonal trust，trustworthiness，and gullibility. American psychologist，35（1），1.

[195] Shapiro, S. P. (1987). The social control of impersonal trust. American journal of Sociology, 93 (3), 623 - 658.

[196] A. Christenson, J. , & S. Taylor, G. (1982). Determinants, expenditures, and performance of common public services. Rural Sociology, 47 (1), 147 - 163.

[197] Dutton, J. E. , & Ragins, B. R. (2017). Exploring positive relationships at work: Building a theoretical and research foundation: Psychology Press

[198] Eid, R. (2013). Managing customer trust, satisfaction, and loyalty through information communication technologies: IGI Global.

[199] Lamm, H. , & Wiesmann, U. (1997). Subjective attributes of attraction: How people characterize their liking, their love, and their being in love. Personal relationships, 4 (3), 271 - 284.

[200] Sundberg, J. C. (2015). Shotgun awakening: A phenomenological study of extreme occurrences of falling in love. California Institute of Integral Studies.

[201] Rotter, J. B. (1967). A new scale for the measurement of interpersonal trust. Journal of personality, 35 (4), 651 - 665.

[202] Rotter, J. B. (1971). Generalized expectancies for interpersonal trust. American psychologist, 26 (5), 443 - 452.

[203] Tschannen - Moran, M. (2014). Trust matters: Leadership for successful schools: John Wiley & Sons.

[204] Van Ingen, E. , & Bekkers, R. (2015). Generalized trust through civic engagement? Evidence from five national panel studies. Political psychology, 36 (3), 277 - 294.

[205] Lyon, F. , M&llering, G. , & Saunders, M. N. (2015). Handbook of research methods on trust: Edward Elgar Publishing.

[206] Hoff, K. A. , & Bashir, M. (2015). Trust in automation: Integrating empirical evidence on factors that influence trust. Human Factors, 57 (3), 407 - 434.

[207] Moorman, C. , Zaltman, G. , & Deshpande, R. (1992). Relationships between providers and users of market research: The dynamics of trust within and between organizations. Journal of marketing research, 29 (3), 314.

[208] Morgan, R. M. , & Hunt, S. D. (1994). The commitment - trust theory of relationship marketing. the Journal of Marketing, 20 - 38.

[209] Schultz, D. P. , & Schultz, S. E. (2016). Theories of personality: Cengage Learning. McAllister, D. J. (1995). Affect – and cognition – based trust as foundations for interpersonal cooperation in organizations. Academy of management journal, 38 (1), 24 – 59.

[210] Johnson, D. , & Grayson, K. (2005). Cognitive and affective trust in service relationships. Journal of Business research, 58 (4), 500 – 507.

[211] Rousseau, D. M. , Sitkin, S. B. , Burt, R. S. , & Camerer, C. (1998). Not so different after all: A cross – discipline view of trust. Academy of Management Review, 23 (3), 393 – 404.

[212] Rotter, J. B. (1967). A new scale for the measurement of interpersonal trust. Journal of personality, 35 (4), 651 – 656.

[213] Schlenker, B. R. , Helm, B. , & Tedeschi, J. T. (1973). The effects of personality and situational variables on behavioral trust. Journal of personality and social psychology, 25 (3), 419 – 427.

[214] Rousseau, D. M. , Sitkin, S. B. , Burt, R. S. , & Camerer, C. (1998). Not so different after all: A cross – discipline view of trust. Academy of Management Review, 23 (3), 393 – 404.

[215] Kim, S. – E. (2005a). The role of trust in the modern administrative state an integrative model. Administration & Society, 37 (5), 611 – 635.

[216] Lewis, J. D. , & Weigert, A. (1985). Trust as a social reality. Social forces, 63 (4), 967 – 985.

[217] Farris, G. F. , Senner, E. E. , & Butterfield, D. A. (1973). Trust, culture, and organizational behavior. Industrial Relations: A Journal of Economy and Society, 12 (2), 144 – 157.

[218] Sherchan, W. , Nepal, S. , & Paris, C. (2013). A survey of trust in social networks. ACM Computing Surveys (CSUR), 45 (4), 1 – 47.

[219] Rotter, J. B. (1971). Generalized expectancies for interpersonal trust. American psychologist, 26 (5), 443 – 452.

[220] Mayer, R. C. , Davis, J. H. , & Schoorman, F. D. (1995). An integrative model of organizational trust. Academy of Management Review, 20 (3), 709 – 734.

[221] Putnam, R. D. (2000). Bowling alone: America's declining social capital Culture and politics (pp. 223 - 234): Springer.

[222] Adler, P. S., & Kwon, S. - W. (2002). Social capital: Prospects for a new concept. Academy of Management Review, 27 (1), 17 - 40.

[223] Brehm, J., & Rahn, W. (1997). Individual - level evidence for the causes and consequences of social capital. American journal of political science, 999 - 1023.

[224] de Zúñiga, H. G., Barnidge, M., & Scherman, A. (2017). Social media social capital, offline social capital, and citizenship: Exploring asymmetrical social capital effects. Political Communication, 34 (1), 44 - 68.

[225] Farris, G. F., Senner, E. E., & Butterfield, D. A. (1973). Trust, culture, and organizational behavior. Industrial Relations: A Journal of Economy and Society, 12 (2), 144 - 157.

[226] Sherchan, W., Nepal, S., & Paris, C. (2013). A survey of trust in social networks. ACM Computing Surveys (CSUR), 45 (4), 1 - 47.

[227] Adobor, H. (2018). A decision - based explanation of trust in interfirm alliances Current Topics in Management (pp. 143 - 162): Routledge.

[228] Arrow, K. J. (1974). The limits of organization: WW Norton & Company.

[229] Dyer, J. H., & Chu, W. (1997). The economic value of trust in supplier - buyer relations: Citeseer.

[230] Fukuyama, F. (1995). Trust: The social virtues and the creation of prosperity: Free Press Paperbacks.

[231] Ouchi, W. G. (1980). Markets, bureaucracies, and clans. Administrative science quarterly, 129 - 141.

[232] Williamson, O. E. (1993). Calculativeness, trust, and economic organization. The Journal of Law and Economics, 36 (1, Part 2), 453 - 486.

[233] Rad, A. (2017). The importance of trust for inter - organizational relationships: A study of interbank market practices in a crisis. Qualitative Research in Accounting & Management, 14 (3), 282 - 306.

[234] Rapoport, A., Chammah, A. M., & Orwant, C. J. (1965). Prisoner's dilemma: A study in conflict and cooperation (Vol. 165): University of Michigan press.

[235] North, D. C. (1981). Structure and change in economic history: Norton.

[236] Lins, K. V., Servaes, H., & Tamayo, A. (2017). Social capital, trust, and firm performance: The value of corporate social responsibility during the financial crisis. The Journal of Finance, 72 (4), 1785 - 1824.

[237] Stein, S. M., & Harper, T. L. (2003). Power, trust, and planning. Journal of planning education and research, 23 (2), 125 - 139.

[238] Adler, P. S., & Kwon, S. - W. (2002). Social capital: Prospects for a new concept. Academy of Management Review, 27 (1), 17 - 40.

[239] Adobor, H. (2018). A decision - based explanation of trust in interfirm alliances Current Topics in Management (pp. 143 - 162): Routledge.

[240] Arrow, K. J. (1974). The limits of organization: WW Norton & Company.

[241] Brehm, J., & Rahn, W. (1997). Individual - level evidence for the causes and consequences of social capital. American journal of political science, 999 - 1023.

[242] de Zúñiga, H. G., Barnidge, M., & Scherman, A. (2017). Social media social capital, offline social capital, and citizenship: Exploring asymmetrical social capital effects. Political Communication, 34 (1), 44 - 68.

[243] Dyer, J. H., & Chu, W. (1997). The economic value of trust in supplier - buyer relations: Citeseer.

[244] Farris, G. F., Senner, E. E., & Butterfield, D. A. (1973). Trust, culture, and organizational behavior. Industrial Relations: A Journal of Economy and Society, 12 (2), 144 - 157.

[245] Fukuyama, F. (1995). Trust: The social virtues and the creation of prosperity: Free Press Paperbacks.

[246] Hoff, K. A., & Bashir, M. (2015). Trust in automation: Integrating empirical evidence on factors that influence trust. Human Factors, 57 (3), 407 - 434.

[247] Johnson, D., & Grayson, K. (2005). Cognitive and affective trust in service relationships. Journal of Business research, 58 (4), 500 - 507.

[248] Kim, S. - E. (2005). The role of trust in the modern administrative state an integrative model. Administration & Society, 37 (5), 611 - 635.

[249] Lewis, J. D., & Weigert, A. (1985). Trust as a social reality. Social forces, 63

(4), 967 - 985.

[250] Lins, K. V., Servaes, H., & Tamayo, A. (2017). Social capital, trust, and firm performance: The value of corporate social responsibility during the financial crisis. The Journal of Finance, 72 (4), 1785 - 1824.

[251] Lyon, F., Möllering, G., & Saunders, M. N. (2015). Handbook of research methods on trust: Edward Elgar Publishing.

[252] Mayer, R. C., Davis, J. H., & Schoorman, F. D. (1995). An integrative model of organizational trust. Academy of Management Review, 20 (3), 709 - 734.

[253] McAllister, D. J. (1995). Affect - and cognition - based trust as foundations for interpersonal cooperation in organizations. Academy of management journal, 38 (1), 24 - 59.

[254] Moorman, C., Zaltman, G., & Deshpande, R. (1992). Relationships between providers and users of market research: The dynamics of trust within and between organizations. Journal of marketing research, 29 (3), 314.

[255] Morgan, R. M., & Hunt, S. D. (1994). The commitment - trust theory of relationship marketing. the Journal of Marketing, 20 - 38.

[256] North, D. C. (1981). Structure and change in economic history: Norton.

[257] Ouchi, W. G. (1980). Markets, bureaucracies, and clans. Administrative science quarterly, 129 - 141.

[258] Putnam, R. D. (2000). Bowling alone: America's declining social capital Culture and politics (pp. 223 - 234): Springer.

[259] Rad, A. (2017). The importance of trust for inter - organizational relationships: A study of interbank market practices in a crisis. Qualitative Research in Accounting & Management, 14 (3), 282 - 306.

[260] Rapoport, A., Chammah, A. M., & Orwant, C. J. (1965). Prisoner's dilemma: A study in conflict and cooperation (Vol. 165): University of Michigan press.

[261] Rotter, J. B. (1967). A new scale for the measurement of interpersonal trust. Journal of personality, 35 (4), 651 - 665.

[262] Rotter, J. B. (1971). Generalized expectancies for interpersonal trust. American psychologist, 26 (5), 443 - 452.

[263] Rousseau, D. M., Sitkin, S. B., Burt, R. S., & Camerer, C. (1998). Not so different after all: A cross - discipline view of trust. Academy of Management Review, 23 (3), 393 -404.

[264] Schlenker, B. R., Helm, B., & Tedeschi, J. T. (1973). The effects of personality and situational variables on behavioral trust. Journal of personality and social psychology, 25 (3), 419 -427.

[265] Schultz, D. P., & Schultz, S. E. (2016). Theories of personality: Cengage Learning.

[266] Sherchan, W., Nepal, S., & Paris, C. (2013). A survey of trust in social networks. ACM Computing Surveys (CSUR), 45 (4), 1 -47.

[267] Stein, S. M., & Harper, T. L. (2003). Power, trust, and planning. Journal of planning education and research, 23 (2), 125 -139.

[268] Tschannen - Moran, M. (2014). Trust matters: Leadership for successful schools: John Wiley & Sons.

[269] Van Ingen, E., & Bekkers, R. (2015). Generalized trust through civic engagement? Evidence from five national panel studies. Political psychology, 36 (3), 277 -294.

[270] Voss, T. (2017). James S. Coleman: Foundations of Social Theory Schlüsselwerke der Wirtschaftssoziologie (pp. 213 -223): Springer.

[271] Wheeless, L. R., & Grotz, J. (1977). The measurement of trust and its relationship to self - disclosure. Human Communication Research, 3 (3), 250 -257.

[272] Williamson, O. E. (1993). Calculativeness, trust, and economic organization. The Journal of Law and Economics, 36 (1, Part 2), 453 -486.